Steinfeld | Ikea. 100 Seiten

FREDERIC STEINFELD, geb. 1987, ist wissenschaft-licher Mitarbeiter der Goethe-Universität in Frank-furt a. M. Für seine Magisterarbeit über Ikea erhielt er den Examenspreis des Stiftungsfonds Kopper.

THOMAS STEINFELD, geb. 1954, Journalist, Schrift-steller und Professor für Kulturwissenschaften an der Universität Luzern. Er war Ressortleiter des Feuilletons der *Süddeutschen Zeitung* und deren Kulturkorrespondent in Italien und Schweden.

Frederic Steinfeld
Thomas Steinfeld

Ikea. 100 Seiten

Reclam

2019 Philipp Reclam jun. Verlag GmbH,
Siemensstraße 32, 71254 Ditzingen
Umschlaggestaltung nach einem Konzept von zero-media.net
Infografiken (S. 12 f., 94 f.): annodare GmbH, Agentur für Marketing
Bildnachweis: S. 3 picture alliance / AP Photo / Ola Torkelsson;
S. 5 Picture Partners / Alamy Stock Foto, S. 33 Arco Images GmbH /
Alamy Stock Foto; S. 77 imageBROKER / Alamy Stock Foto;
S. 79 Jeppe Gustafsson / Alamy Stock Foto; Autorenfotos: Frederic
Steinfeld: © Oliver Laux; Thomas Steinfeld: © Susanne Schleyer
Druck und Bindung: Kösel GmbH & Co. KG,
Am Buchweg 1, 87452 Altusried-Krugzell
Printed in Germany 2019
RECLAM ist eine eingetragene Marke
der Philipp Reclam jun. GmbH & Co. KG, Stuttgart
ISBN 978-3-15-020529-7

Auch als E-Book erhältlich

www.reclam.de

Für mehr Informationen zur 100-Seiten-Reihe:
www.reclam.de/100Seiten

Inhalt

»Schau mal, das hatten wir auch!« –
Ein Museum im Wald

Seit dem Sommer 2016 gibt es in Älmhult, einer Kleinstadt in Südschweden, eine Art Museum der angewandten Kunst. Zugleich ist die Einrichtung ein Firmenmuseum. Zu diesem Zweck baute der Möbelkonzern Ikea sein erstes Warenhaus um: Hier hatte der Versandhandel Ikea im Jahr 1958 damit begonnen, auf ein zusätzliches Ladengeschäft zu setzen. Im Eingang, gleich gegenüber den Türen, hängt das mehr als zwei Meter hohe Porträt eines älteren Herrn: Ingvar Kamprad war der Gründer und vermutlich bis ins hohe Alter der eigentliche Leiter des Unternehmens. Auf dem Bild blickt er den Betrachter aufmerksam an, wirkt dabei aber von Grund auf freundlich. Das Porträt erscheint in seinen Konturen seltsam unklar, wie verschwommen oder unscharf aufgenommen. Man muss nah herantreten, um den Grund zu erkennen: Es ist aus lauter Punkten zusammengesetzt, und jeder Punkt besteht aus einer weiteren Porträtfotografie, die wiederum jeweils einen von fast zweihunderttausend Ikea-Beschäftigten zeigt, so dass sich das Bildnis Ingvar Kamprads als Mosaik aus den Bildnissen anderer Menschen entpuppt. Ikea, so lautet die Botschaft dieses Bildes, ist zwar Ingvar Kamprad. Aber dieser milde Mann und sein Werk sind als eine aus Arbeitern und Angestellten gebildete Gesamtleistung zu verstehen, die sich dem als Slogan neben dem Porträt formulierten, angeblichen Firmenzweck unterordnet: »Einen besseren Alltag für die vielen Menschen zu schaffen.«

Die Kleinstadt Älmhult liegt mitten in den Wäldern der Provinz Småland. Malmö im Süden, die nächste größere Stadt, ist 150 Kilometer entfernt. Nach Stockholm, in die Hauptstadt im Norden, ist man mindestens vier Stunden unterwegs. In der Nachbarschaft, jeweils etwa dreißig oder vierzig Kilometer entfernt, liegen ähnliche Kleinstädte, Värnamo zum Beispiel oder Hässleholm, dazwischen Wälder, Seen, Wasserläufe, ein paar Felder und Wiesen. Außer Fichten, Moos und Blaubeeren wächst hier wenig, weshalb das pittoreske rote Holzhaus am dunklen See eher ein Ausdruck vergangener Not ist als ein Idyll. Und doch ist in Älmhult ein großes Unternehmen zu Hause, ein Weltkonzern sogar, eine Firma mit einem Marktwert, der, den Schätzungen des Wirtschaftsmagazins *Forbes* zufolge, irgendwo in der Nähe der Summen liegt, die für Nike, Volkswagen oder UPS gezahlt werden müssten. Keine dieser Firmen führt, zumindest nach außen, ein so entschlossen provinzielles Dasein wie Ikea.

Ingvar Kamprad war in dieser Gegend aufgewachsen, in Elmtaryd, einem Weiler, der zur Gemeinde Agunnaryd gehört. Diese erstreckt sich, etwa dreißig Kilometer nördlich von Älmhult gelegen, über eine Fläche, die ungefähr so groß ist wie das Stadtgebiet von Augsburg oder Halle. Aber es leben dort nur gut sechshundert Menschen. Als Fünfjähriger hatte er begonnen, mit Streichhölzern zu handeln, als Zehnjähriger hatte er das Sortiment auf selbstgefangene Fische, Kugelschreiber und Lametta ausgeweitet, als Siebzehnjähriger hatte er das

Ein Besucher fotografiert das überdimensionale, aus vielen kleinen Bildern der Angestellten zusammengesetzte Porträt Ingvar Kamprads im IKEA Museum, Älmhult

Versandhaus gegründet, das sich einige Jahre später auf Möbel konzentrierte und zu Ikea wurde – wobei sich in diesem Unternehmen die Industrie spiegelte, die in dieser Region naturgemäß beheimatet war, nämlich die Herstellung von Stühlen, Tischen und Schränken. Und hier, in Älmhult, entstand 1958 das erste Warenhaus unter jenem Namen, den längst die ganze Welt kennt: ein moderner, rechteckiger Funktionsbau, dessen stilistische Extravaganz lediglich in einer aufsteigenden Arkade besteht, die von V-förmigen Betonpfeilern getragen wird. Vor ein paar Jahren wurde das alte Haus zu klein, ein neues wurde gebaut. Es ist jener ursprüngliche Bau, der nun als Museum dient.

Die großen Automobilhersteller betreiben private Museen. Die Firma Adidas stellt in Herzogenaurach ihre Geschichte aus. Der Möbelhersteller Vitra, der die teuersten Designer der Welt beschäftigt, unterhält in Weil am Rhein ein mindestens ebenso teures Museum. Das Museale an Ikea hingegen sah bis vor kurzem ähnlich bescheiden aus wie Ingvar Kamprads Arbeitszimmer in seinem Haus am Genfer See, wohin er im Jahr 1976 gezogen war, weil ihm in Schweden die Steuern zu hoch wurden: Es enthielt lauter gewöhnliche Dinge, die auf die übliche Weise alt geworden waren. Dieses kleine Arbeitszimmer steht nun selber im Museum, mit den mehrmals wiederbenutzten Ordnern, dem Durcheinander aus Familienfotos, Wörterbüchern und Porzellantigern, den Serienmöbeln aus der eigenen Produktion sowie den gelben Merkzetteln, die an der Schreibtischleuchte kleben.

Mit dem Umzug nach Älmhult verwandelte sich das Arbeitszimmer: Es ist jetzt ein Exponat. Es existiert nicht mehr als solches, sondern es symbolisiert die Einfachheit und die Sparsamkeit seines Benutzers. Die schlichte, überklebte Zigarrenkiste, in der Ingvar Kamprad die beim Fischverkauf verdienten Öre verwahrte, wird, von einem Scheinwerfer erleuchtet und in eine Vitrine gestellt, zum ebenso bedeutsamen wie kostbaren Requisit eines außerordentlichen Menschen, dem das Erwerben und Vermehren von Geld zur Natur wurde – und das in einer Selbstverständlichkeit, wie manche Menschen eine gleichsam natürliche Fähigkeit besitzen, Pilze zu finden oder Klavier zu spielen.

Überhaupt ist dieses Museum kein Museum im wissenschaftlichen Sinn. Es besitzt keine systematisch angelegte Sammlung, es betreibt keine Forschung, es gibt vermutlich nicht einmal einen sorgfältig geführten Katalog der Exponate.

Das IKEA Museum in Älmhult

Stattdessen dient es einer Geschichte, die teleologisch angelegt ist: zum Zweck der Darstellung von Herkunft und Entfaltung einer globalen Marke.

An einem Regentag im Juli ist kaum ein freier Parkplatz mehr zu finden, und auf den drei Etagen mischen sich schwedische, deutsche, dänische und britische Besucher. In der Freude des Wiedererkennens sind sie vereint: »Schau mal, das hatten wir auch!« Erzählt wird hier ein doppelter Bildungsroman, der Roman eines Kaufhauses und seiner beliebtesten Produkte sowie der Roman des dafür verantwortlichen Menschen. Die Nennung der kleinen und mittleren Skandale, die es in der Geschichte dieses Unternehmens gab, scheint dabei die Spannung zu erhöhen. Die Sympathien des jungen Ingvar Kamprad für den Nationalsozialismus, die Beschäftigung von Zwangsarbeitern in der DDR, die Verwendung von Formaldehyd bei der Herstellung von Bücherregalen des Typs Billy: Diese Ereignisse erscheinen, gleichrangig, als verzeihliche Irrtümer auf dem Weg zu einem in jeder Hinsicht idealen, sozial, ökologisch und politisch verantwortlichen Unternehmen – in einem ähnlichen Sinn, wie das mit dunkelbraunem Leder bezogene, neobarock geformte Ikea-Sofa aus den siebziger Jahren heute als eher amüsante Geschmacksverirrung gilt.

So stehen sie nun in einer langen Reihe hintereinander, die von Ikea in sechzig Jahren geschaffenen Wohnräume, ein jedes Zimmer ein Reflex auf seine Zeit, ein Reflex auf eine spezifisch schwedische Vorstellung vom Wohnen: Räume, die in den dreißiger und vierziger Jahren als Verkörperung eines sozialdemokratisch gesunden Lebens gelten konnten. Und jedes Zimmer, jedes Möbelstück ist ein Dokument der Produktionstechnik, mit der Ikea das Schreinerhandwerk der Region in die Serienfertigung übertrug. Ikea konkurrierte stets über den Preis. Was den Weg in den Katalog fand, war in den meisten Fällen deutlich billiger als jedes vergleichbare Produkt. So ist es heute noch. Dennoch brachte Ikea nicht wenige Möbel hervor, bei denen schon die Nennung ihres Namens ausreicht, um ihr Bild ins Gedächtnis zu rufen – eine Eigenschaft, die ansonsten nur die Werke der berühmtesten Möbelgestalter auszeichnet, die dann entsprechend teuer sind. Doch das Wissen darum, wie der Stuhl Ögla aussieht, der Sessel Poäng, der Tisch Stabil, das Regal Billy oder das Sofa Klippan, gehört fast zu einer guten Allgemeinbildung. Die meisten anderen Marken leben vom Schein der Exklusivität. Ikea tut das Gegenteil. Die Produkte der Firma sind überall und für relativ wenig Geld zu haben. Ikea ist dennoch eine Marke – und nicht nur das: eine wahrhaft populäre, von ähnlich großer Geltung wie Coca-Cola oder Adidas. Die Firma verkauft nicht einfach ein Produkt. Sie handelt mit Inneneinrichtungen für das moderne Leben. Ja, für viele Menschen verkörpert sie die Inneneinrichtung des modernen Lebens schlechthin.

Um so populär zu werden, bedurfte es weit mehr als der unbedingten Geschäftstüchtigkeit eines charismatischen Gründers, der angeblichen Erfindung des »flachen Pakets« (die man sich, unter anderem, aus dem Warenhaus »NK« in Stockholm auslieh, wo sie schon seit 1943 praktiziert wurde) und der Universalisierung des Innen-Sechskant-Schlüssels. Zwar gibt es bei Ikea heute keine offenen Plagiate mehr, doch finden sich Einflüsse von vielen erfolgreichen Möbelentwürfen der klassischen skandinavischen und internationalen Moderne im Sortiment wieder, übertragen auf einfacheres Material und auf schlichtere Verbindungen, angepasst an maschinelle Produktion und effiziente Verpackungstechnik. Alvar Aalto und Bruno Mathsson, Arne Jacobsen und die Gebrüder Thonet, später auch Gio Ponti und Charles Eames: Sie alle trugen unfreiwillig zu dem Mobiliar bei, das von Ikea unter eigenem Namen und als eigener Entwurf vertrieben wird. Es erscheint nun, auch in der Ausstellung des Museums, als systematische Fortsetzung eines von Helligkeit und Funktionalität geprägten Stils, der in der ländlichen nordischen Nationalromantik des späten 19. Jahrhunderts begann und über die skandinavische Anverwandlung des Funktionalismus geradewegs in eine Erneuerung des »internationalen Stils« der sechziger Jahre führte. »Demokratisch« sei das Design, behauptet Ikea in der Ausstellung. Das trifft insofern zu, als die Möbel für viele Menschen erschwinglich sind. Es scheint aber darüber hinaus etwas Größeres gemeint: ein Weltzustand, der irgendwie schwedisch sein soll – eine Anmaßung, die übrigens nichts gälte, wäre da nicht auch der weltweit verbreitete Glaube, in Schweden gäbe es so etwas wie einen rundum guten Staat, die ideale Demokratie.

Zur Ausstellung in Älmhult gehört auch ein kleines Kino. Dort wird, in einer Endlosschleife, ein kurzer Film des britischen, aber schon seit Jahrzehnten in Schweden lebenden Regisseurs Colin Nutley gezeigt – desselben Mannes, der in den frühen neunziger Jahren die schwedische Nationalromantik neu erfand, mit dem Spielfilm *Änglagård* (1992, dt. Titel: ›Fanny's Farm‹), und zwar auf eine Weise, die noch den härtesten Kiefernholztisch in ein tränenfeuchtes Taschentuch verwandeln könnte. Der Kurzfilm zeigt schöne, junge Menschen unterschiedlicher Hautfarbe, die alle miteinander befreundet sind und eine Hochzeit feiern, während gleichzeitig ein Kind geboren wird. Und mitten durch die blühende schwedische Sommerlandschaft fährt ein alter Saab. Ikea tritt in diesem Film nicht auf, weder als Name noch in Gestalt von Möbeln. Im Grunde ist dies auch nicht nötig, denn alles, was hier zu sehen ist, die mittelalterliche Kirche, die Wiesen und Bäume, das knatternde Auto, die schönen Menschen, der Kreißsaal – das alles in seiner Gesamtheit soll wohl Ikea sein. Ein Möbelhaus gewissermaßen als Initiator einer globalen Erweckungsbewegung, ein Storytelling, das ein hinter den Tausenden von Porträts Ingvar Kamprads liegendes Versprechen einzulösen scheint: Wir sind eins, zusammen besiedeln wir eine schöne, heile Welt. Der Anspruch ist, daran kann kein Zweifel herrschen, weltumfassend.

Die Möbelfirma Ikea inszeniert sich hier nicht mehr wie ein erfolgreiches Wirtschaftsunternehmen, sondern eher wie ein universales Institut für Sinnstiftung. Das geschieht, ohne dass dabei der Geschäftszweck aufgegeben würde, im Gegenteil. In dieser Bewegung gleicht Ikea nicht nur den anderen großen Marken auf dem Weltmarkt, Apple zum Beispiel oder Nike oder, auf höherem Preisniveau, Prada, sondern das Unternehmen vollzieht auch an sich selbst die Logik des »branding«: in der Ausstattung des Warenangebots mit einem ideologischen Überschuss, der dann das Eigentliche der Produkte ausmachen soll – und also letztlich der Kunst näher ist als dem Gebrauchswert. Deswegen gibt es jetzt nicht nur das Museum in Älmhult, sondern auch eine Vielfalt von Kollaborationen mit berühmten Designern, mit Piet Hein Eek zum Beispiel, mit der dänischen Werkstatt Hay oder mit der Glasgestalterin Ingegerd Råman. Und aus demselben Grund beginnt die Firma, die gigantischen blau-gelben, ästhetisch schwer erträglichen Würfel an den Stadträndern durch Warenhäuser in den Innenstädten zu ersetzen, mit einer jeweils sorgfältig der Umgebung angepassten, aber entschieden modernen Architektur.

Die Fassade des Museums in Älmhult ist übrigens ganz in strahlendem Weiß gehalten. Das war bei diesem Bau schon immer so. Und im ersten Stock gibt es, in einem Studio, das aus einer Ikea-Küche besteht, für jeden Besucher die Gelegenheit, sich selbst als glückliches Elementarteilchen des Ikea-Gesamtwesens zu fotografieren. So kommt das eine zum anderen.

Ein Mann hat eine Idee – wie alles begann

Neues aus Älmhult: Die Entstehung eines Versandhauses

Als Ikea im Jahr 2010 die Glühbirne durch die Energiesparlampe ersetzte, seien 626 Millionen Menschen zu Umweltschützern geworden, heißt es in einem Artikel, der im Jahr 2012 in der amerikanischen Zeitschrift *The New Yorker* erschien. Selbstverständlich ist der Satz eine Übertreibung, aber nicht nur die Zahl der Kunden dürfte verlässlich sein, sondern auch die darin ausgedrückte Vorstellung von Bedeutung. Ikea ist der größte Möbelhändler der Welt, und das Unternehmen ist viel mehr als das: ein Immobilienentwickler, eine Bank, ein Gastronomie-Konzern, eine Agentur der Moden und der Stile. Im Jahr 2017 erwirtschaftete Ikea in über 400 Filialen in etwa vierzig Ländern einen Umsatz von mehr als 36 Milliarden Euro, knapp 5 Milliarden davon in Deutschland. Auf dem Weg zu einem solchen Erfolg durchdrang Ikea nicht nur alle Gesellschaftsschichten, sondern etablierte sich auch in allen Generationen.

Ingvar Kamprad, gerade siebzehn Jahre alt geworden, hatte die Firma im Jahr 1943 als Haustürgeschäft gegründet: Der Name ist ein Akronym. Es steht für den Vor- und Nachnamen des Gründers sowie für den Weiler Älmtaryd, altertümlich »Elmtaryd«, und die Gemeinde Agunnaryd. Bei der Gründung ging es zunächst gar nicht um Möbel. Ingvar Kamprad verkaufte Füllfederhalter, Uhren oder Brieftaschen – lauter Waren, die sich für Haustürgeschäfte in einer bäuerlichen Umgebung anboten. Das Startkapital hatte er sich, eigenen Aussagen zufolge, schon seit Kindertagen mit einer Vielzahl kleinerer Tätigkeiten erworben und zusammengespart. Mit diesem Geld und einem Kredit in Höhe von 500 Kronen hatte er aus Paris 500 Füllfederhalter importiert. Auf die Füllfederhalter folgten Feuerzeuge aus der Schweiz, später Kugelschreiber aus Ungarn. Während Ingvar Kamprad solchen Geschäften nachging, studierte er zwischen 1943 und 1945 an der Handelshochschule in Göteborg. In den folgenden beiden Jahren absolvierte er seine Grundausbildung im schwedischen Militär. Erst als er diese im Oktober 1947 beendet hatte, widmete er sich ausschließlich seiner Händlertätigkeit.

Gegen Ende der vierziger Jahre begann Kamprad, ein Flugblatt mit dem Namen *ikéanytt* (›Neues von Ikéa‹) an seine Kunden zu verschicken, um diese über die Neuigkeiten im Sortiment zu informieren. Im Jahr 1947 ging Ikea dann dazu über, in Zeitungen zu inserieren, und vollzog damit den Schritt in Richtung Versandunternehmen. Auf die Annoncen folgten Beilagen, die Kamprad ab 1949 unter anderem dem *Verbandsblatt der Landwirte* beilegen ließ, einer Zeitschrift mit einer Auflage von 285 000 Exemplaren. Im Jahr 1948 wurden schließlich auch Möbel Teil des Sortiments. Deren Herstellung und Versand übernahmen kleinere Schreinereien in der näheren Umgebung Älmhults: Ein Sessel namens Rut war das erste Möbelstück, das Ingvar Kamprad im Programm hatte. Auch

IKEA's Möbelklassiker
Best- und Longseller

Viele Möbel von IKEA gelten heute als Klassiker, und
fast jeder weiß eine Geschichte zu ihnen zu erzählen.
Doch wann genau sind sie eigentlich auf den Markt
gekommen?

1956
Lövet

1968
Ivar

1996
Expedit

1956
Name: Lövet
Neuer Name: Lövbacken
Designer: Möbelfabrik Big, Rörvik

1968
Name: Ivar
(vorher Bosse, Ingo, Uffe)
Designer: Lennart Ekmark

1976/77
Name: Poem
Neuer Name: Poäng
Designer: Noboru Nakamura

1979
Name: Billy
Designer: Gillis Lundgren

1979/80
Name: Klippan
Designer: Noboru Nakamura

1981
Name: Lack
Designer: unbekannt,
wohl amerikanisches Vorbild

1996
Name: Expedit
Neuer Name: Kallax
Designer: Håkan Eriksson u. a.

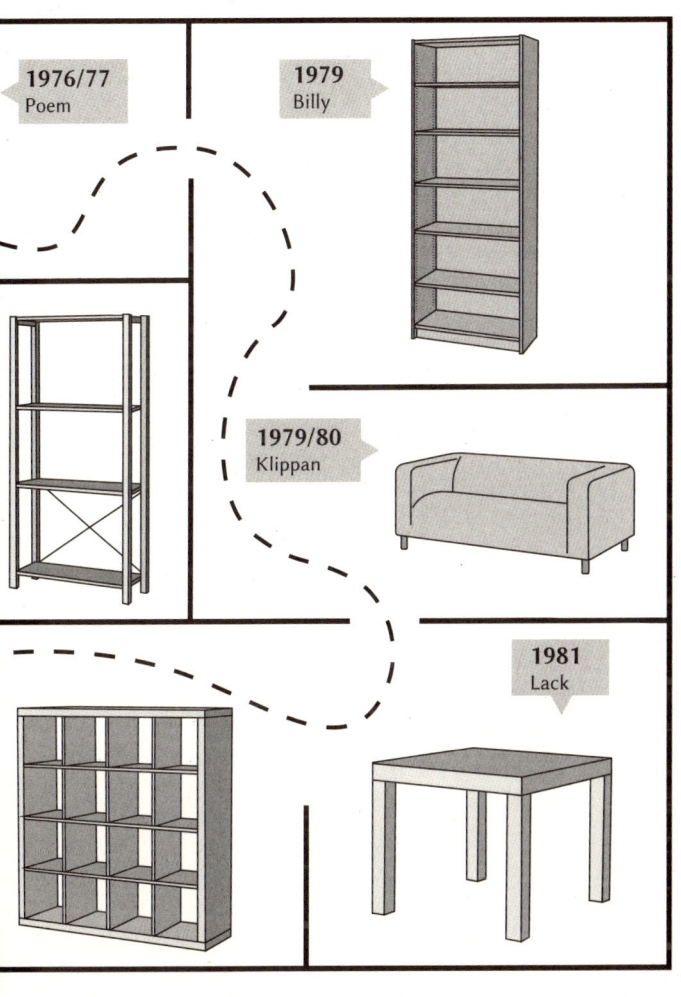

1976/77
Poem

1979
Billy

1979/80
Klippan

1981
Lack

heute tragen alle bei Ikea erhältlichen Gegenstände einen Namen, oft geographischer, manchmal auch persönlicher Art, deren Aussprache die Kundschaft außerhalb Schwedens nicht selten vor Probleme stellt. Der Grund für die allseitige Warentaufe soll – so wurde von Kamprad behauptet – in seinem Unvermögen liegen, sich Artikelnummern zu merken. Tatsächlich verwandeln sich mit den Eigennamen lauter anonyme Dinge in Elemente eines individualisierten Hausrats. Und dass dieser darüber hinaus einen dezidiert schwedischen Charakter trägt, entspricht der Vermarktung des Warenhauses als konzentrierte Version einer »guten« Nation. Die Namen sollen nach Möglichkeit weltweit einheitlich sein und sind nach Produktgruppen sortiert. So tragen Stoffe und Gardinen Frauennamen, Sessel und Sofas schwedische, Teppiche dagegen dänische Ortsnamen. Das manchmal Unbeholfene, ein wenig Sperrige, das in dieser Namensgebung liegt, erscheint dabei als eher sympathischer Eigensinn.

Der mit Entstehen des Versandhandels etablierte Direktvertrieb erlaubte Ikea, günstigere Preise als die Konkurrenz anzubieten. Der Kostenvorteil wurde in Annoncen hervorgehoben, die Zwischenhändler wurden darin sogar als Preistreiber beschimpft. Zwar hatten die ersten beiden schwedischen Versandhäuser ihre Tätigkeit schon in den letzten Jahren des 19. Jahrhunderts aufgenommen, durchsetzen konnte sich dieses Geschäftsmodell allerdings erst später, in Schweden wie in Deutschland: in einer ersten Welle in den zwanziger Jahren, in einer zweiten Welle in der frühen Nachkriegszeit, und zwar jeweils konzentriert auf den Handel mit Kleidung. In beiden Ländern richtete sich das Sortiment dabei vor allem an Kunden in einkommensschwachen und ländlichen Regionen. Standardisierung, Massenproduktion, eine verbesserte Infrastruktur und nicht zuletzt die steigende Nachfrage nach Konsumgütern in der Industriegesellschaft führten dann vor allem im Flächenstaat Schweden dazu, dass der Versandhandel rasch an Bedeutung gewann. Dass Ikea seine Möbel über den Versand verkaufte: Das war etwas Neues.

Das Land der Verbannten: Wo Småland liegt

Die Schriftstellerin Astrid Lindgren schildert die Dörfer Smålands zum Vergnügen der halben Erdbevölkerung als friedliche Orte, die Bullerbü (auf Schwedisch: Bullerby) oder Lönneberga heißen und in denen Olle, Inga, Lasse, Britta und Michel mit der Suppenschüssel zu Hause sind, wie auch sonst nur fröhliche und redliche Menschen dort leben. Diese Bilder aus den schwedischen Wäldern, einer Landschaft, in der eine Anarchie der guten Seelen herrscht, wo Natur und dörfliche Gemeinschaft den frei umherschweifenden Kindern ihre Unabhängigkeit lassen und sie doch zur Vernunft führen, gruben sich tief in die Vorstellungen ein, die sich Mitteleuropäer vom Norden machen. Die wahrheitsgemäßere Geschichte dieser Region nördlich der Moräne von Halland wäre indes eine von großer Armut und dringender Not.

Aus Wald besteht diese Landschaft, und das heißt hier: hauptsächlich aus Fichten, die auf einem Boden aus Granit stehen. Zwischendurch sieht man Birken, ein paar Eichen oder Eschen, dann wieder Fichten und abermals Fichten. Im felsigen Boden bleibt das Wasser stehen, so dass es in dieser Gegend unzählige Seen gibt, Sümpfe, morastige Stellen. Nur selten wird der Wald von einer Rodung unterbrochen, von einer freien Fläche mit ein paar Feldern und Wiesen, die mit roh gefügten Steinmauern eingefasst sind – die Steine wurden in mühsamer Arbeit von den Äckern geholt –, von einem Holzhaus, das rot und mit weißen Eckpfosten unter hohen Bäumen steht. Dann wieder Wald, Bäche, Entwässerungsgräben, kleine Flüsse, in denen Wasserrosen wachsen und die von Schilf gesäumt sind.

Zwischen 1850 und 1925 verlor die Gegend um Osby, im »Östra Göinge« genannten nördlichsten Amtsbezirk von Schonen, fast jeden zweiten Bewohner. Ein wenig weiter nördlich, bei Älmhult, waren es womöglich noch mehr. Die Leute packten ihre Sachen, verließen ihre Häuser und versuchten, mindestens in Dänemark unterzukommen, eher aber noch auf dem Zwischendeck irgendeines Segel- oder Dampfschiffes, das sich anschickte, den Atlantik zu überqueren. Die meisten dieser schwedischen Auswanderer siedelten sich dann im Mittleren Westen der Vereinigten Staaten an, in Dakota, Wisconsin oder Minnesota. »Dies ist das Land der Verbannten«, schrieb der Dichter August Strindberg um die Jahrhundertwende über Schweden. Tatsächlich war das Land bis in die zweite Hälfte des 19. Jahrhunderts hinein eine der ärmsten Regionen Europas gewesen. Während die Industrialisierung in weiten Teilen Westeuropas längst eingesetzt und im Falle Großbritanniens bereits ihre Reifephase erreicht hatte, arbeiteten damals noch mehr als achtzig Prozent der schwedischen Bevölkerung in der Landwirtschaft. Erst die sich immer stärker entwickelnde wirtschaftliche Integration Europas sowie die innereuropäisch gestiegene Nachfrage nach Rohwaren wie Holz und Eisen führten zu einer beginnenden Industrialisierung einzelner Produktionszweige in Schweden.

Während nun aber die Industrialisierung in Deutschland und Großbritannien zur Entstehung von Ballungsräumen führte, vollzog sie sich im Flächenstaat Schweden vor allem in der Provinz, in kleineren Gemeinden in der Nähe von Rohstoffvorkommen, um die herum kleine bis mittelgroße Unternehmen entstanden. Auf diese Weise hatte sich rund um Älmhult seit der Mitte des 19. Jahrhunderts eine Holz- und Möbelindustrie angesiedelt. Die wenig fruchtbaren Böden der Provinz eigneten sich kaum zum Ackerbau, so dass die Möbelherstellung sich als Alternative zur Landwirtschaft anbot. Außerdem brauchte man nicht viel Kapital, um eine Möbelfabrik zu gründen: Zumeist reichten Säge, Hobel und Bohrer. Nur die wenigsten Fabriken nutzten avancierte Techniken, mit denen gebogene und andere ausgetüftelte Konstruktionen hergestellt werden konnten. Der geringe Kapitalbedarf führte dazu, dass im Jahr 1945 in mehr als der Hälfte der schwedischen Möbelunternehmen weniger als elf Mitarbeiter arbeiteten, ein Drittel hatte gar fünf oder noch weniger Mitarbeiter. In dieser Welt war Ingvar Kamprad aufgewachsen, und als er das Sortiment seines Gemischtwarenhandels auf eine solide Grundlage zu stellen suchte, stieß er selbstverständlich auf die heimische Industrie. Sie vereinfachte ihm einerseits den Zugang zu Möbeln, legte ihm diesen Geschäftszweig andererseits aber auch nahe.

Neue Möbel für neue Menschen.
Wohnungseinrichtung als Politikum

Der neue Mensch: Man lebt, wie man wohnt

Als das 20. Jahrhundert noch jung war, sollte der Mensch neu werden – ganz anders, als der Mensch im 19. Jahrhundert gewesen war, besser organisiert, rationaler, freier, vor allem aber solidarischer, mit seinesgleichen wie mit sich selbst. Damals gab es Leute, die sich für die Entstehung dieses neuen Menschen, für seine Ausbildung und Formung nicht nur verantwortlich fühlten, sondern auch meinten, diese Entwicklung praktisch herbeiführen zu können. Gewiss, Vorstellungen vom neuen Menschen, Vorschläge auch, wie er herangebildet werden könne, hatte es seit dem ausgehenden 18. Jahrhundert in großer Zahl gegeben. Doch die mehr oder minder philosophischen Forderungen, wie die Welt einzurichten sei, aus der ein neuer Mensch hervorzugehen habe, verhallten im unendlichen Reich der Utopie. Erst als das utopische Denken selbst – oder die, die es gepachtet zu haben meinten – an die Macht gekommen war, nach dem Ersten Weltkrieg, in Gestalt von kommunistischen, sozialistischen oder sozialdemokratischen Regierungen, wurde die Verfertigung einer neuen Spezies tatsächlich auf die Tagesordnung gesetzt – als politisches Projekt.

Ähnliches geschah in allen industrialisierten Ländern Europas und Nordamerikas, in den Vereinigten Staaten, in Deutschland, in der Tschechoslowakei, in jeweils unterschiedlichen Ausprägungen, je nachdem, wofür das Kollektiv jeweils stehen konnte oder sollte. In der Sowjetunion war der neue Mensch ein Projekt der großen proletarischen Revolution, und das riesige Land zog damals viele Architekten und Gesellschaftsplaner an, darunter auch den Frankfurter Stadtbaumeister Ernst May. Ihre Hoffnungen auf eine Erlösung im Diesseits müssen in jener Zeit sehr ausgeprägt gewesen sein, und Leo Trotzki formulierte noch 1932 die Vision, der Mensch werde, wenn er einmal mit den »anarchischen Kräften« der eigenen Gesellschaft fertig geworden sei, »sich selbst in Arbeit nehmen, in den Mörser, in die Retorte des Chemikers. Die Menschheit wird zum ersten Mal sich selbst als Rohmaterial, bestenfalls als physisches und psychisches Halbfabrikat betrachten. Der Sozialismus wird einen Sprung aus dem Reiche der Notwendigkeit in das Reich der Freiheit auch in dem Sinne bedeuten, daß der gegenwärtige, widerspruchsvolle und unharmonische Mensch einer neuen und glücklicheren Rasse den Weg bereiten wird.«

Doch hatten die sowjetischen Projekte wenig Zukunft, weil es dabei zunächst einmal um die Ordnung der Lebensverhältnisse für ein ebenso armes wie schnell anwachsendes Arbeiterheer ging, das vor allem Dächer über den Köpfen und regelmäßige Mahlzeiten brauchte – weshalb all diese Versuche dann auch in den dreißiger Jahren, in der Zeit der großen Finanzkrise der Sowjetunion, wieder aufgegeben wurden. In den deutschsprachigen Ländern war der neue Mensch eher ein Unternehmen der »Neuen Sachlichkeit«, und die Übergänge ins Esoterische waren dabei fließend. In den Vereinigten Staaten, und dort vor allem an den Rändern der Neuen Welt, waren die entsprechenden Projekte in erster Linie vom Ideal der Gemeinde und der Gemeinschaft getragen, vom Kommunitarismus – von der Idee eines neuen Gesellschaftsvertrags. Gemeinsam aber war all diesen Vorhaben, dass das Neue im Menschen dadurch entstehen sollte, dass die Prinzipien der industriellen Produktion auf das Leben übertragen wurden: durch Konzentration auf ein gemeinsames Vorhaben, durch Arbeitsteilung und durch Gleichbehandlung von Mann und Frau. Ingvar Kamprad hielt sein Leben lang an diesen Vorstellungen fest.

Die Schaffung des neuen Menschen war kein revolutionäres, durch einen einmaligen Umsturz zu verwirklichendes Unternehmen. Nicht das Bewusstsein einer Avantgarde sollte hier die Situation beim Schopfe ergreifen, sollte aufbegehren gegen die Macht und die Lage nach eigenem Willen verändern. Der neue Mensch sollte vielmehr allmählich entstehen, durch eine geplante und kontrollierte Veränderung seiner materiellen Lebensumstände. Ingenieure gingen hier ans Werk, und ihre Arbeit konzentrierte sich bald auf das, was sie in ihrer Funktion am leichtesten in den Griff bekommen konnten – auf die materiellen, statischen Voraussetzungen des Alltags, auf die Ergonomie des täglichen Lebens, auf das Wohnen.

Natürlich hatte das Wohnen schon vorher die Aufmerksamkeit von Fachleuten für Stilkunde, von Geschmacksrichtern für den Luxus und die Moden sowie von philosophierenden Raumausstattern auf sich gezogen. Solche Bestrebungen aber waren begrenzt auf die kleine Sphäre von Menschen, die ihre Umgebung frei gestalten konnten. Unter gesellschaftlichem Aspekt betrachtet, als Symptom, Anliegen oder gar Plan, wurde das bürgerliche Wohnen erst seit dem ausgehenden 19. Jahrhundert zum Gegenstand eines letztendlich philosophisch, wenn nicht sogar moralisch operierenden Urteils. Die Wiener Werkstätten, der Werkbund und das Bauhaus sind die ersten Schulen der Architektur und der Inneneinrichtung, in denen der Stil des Wohnens ein Urteil über die Qualität des Lebens erlauben soll.

Diese auf das Wohnen bezogenen planerischen und ethischen Energien konnten sich überhaupt erst mit der Herausbildung des Funktionalismus, also mit der theoretischen Behandlung des praktischen Lebens nach – zumindest scheinbar – pragmatischen Gesichtspunkten entfalten. Scheinbar – weil all diesen Überlegungen die Vorstellung zugrunde liegt, es ließen sich eindeutige Aussagen machen über diesen oder jenen Aspekt des täglichen Lebens, über das Sitzen und Liegen so gut wie über das Essen und Schlafen. In Wirklichkeit aber sind diese vermeintlichen Eindeutigkeiten bloße Ideale, geschöpft aus dem Gedanken, in einem planerisch organisierten Leben würden sich die tausend und abertausend Verrichtungen des praktischen Lebens auf einige wenige Grundmuster reduzieren lassen – als seien solche Verrichtungen als praktische schon hinreichend definiert, als gäbe es keine anderen Interessen, die sich daran ebenfalls anbinden ließen, ästhetische oder sentimentale zum Beispiel.

Die Industrialisierung der Schreinerei:
Das Volksheim wird eingerichtet

Ende der zwanziger Jahre war Schweden dabei, sich von einer Agrar- zu einer Industriegesellschaft zu wandeln, vorangetrieben nicht nur von den Kräften des Marktes, sondern auch von einem unerschütterlichen Glauben an die Macht der Technik und der Wissenschaft. Das Privatleben und der Alltag waren davon nicht ausgenommen, im Gegenteil: Das Zuhause sollte das Zentrum dieser Entwicklung bilden, da sich hier nicht nur die Klassenunterschiede durch eine einheitliche und funktionale Ausstattung am einfachsten aufbrechen ließen, sondern auch die Ordnung der Geschlechter und, in gewissem Umfang, sogar der Generationen. Der Funktionalismus, von den schwedischen Zeitgenossen auch »funkis« genannt, sollte es breiten Bevölkerungsschichten über die Umsetzung in Architektur, Bautechnik und Design ermöglichen, ihr eigenes Umfeld neu zu gestalten und darüber zu Produktivitätssteigerungen in Wirtschaft und Gesellschaft beizutragen.

In Schweden fielen die Ideen des Funktionalismus in Architektur und Einrichtung auf besonders fruchtbaren Boden. Zentral dafür war eine Stockholmer Ausstellung im Jahre 1930 – bald nur noch »Stockholmausstellung« genannt –, die den Funktionalismus in den Mittelpunkt der Gesellschaft rückte und längerfristig eine Neugestaltung des Alltags in Gang setzte. Sie fand zwischen Mai und September 1930 statt und war die erste Schau ihrer Art, die nicht für die Oberschicht, sondern für die breite Masse gedacht war. Die von der Svenska Slöjdförening (etwa: ›Schwedische Vereinigung für Werkkunst‹) ins Leben gerufene Stockholmausstellung setzte ihre Schwerpunkte auf Architektur, Formgebung und Kunsthandwerk. Sie zählte vier Millionen Besucher, viele von ihnen Mehrfachbesucher, sowie rund 25 000 ausländische Gäste. Die Besucherzahlen verweisen auf die enorme Bedeutung des Ereignisses, zählte das Land selbst doch zu dieser Zeit nur rund sechs Millionen Einwohner. Gregor Paulsson, Direktor der Svenska Slöjdförening und Mitinitiator der Ausstellung, formulierte im Hauptkatalog das Ziel der Veranstaltung: Es solle darüber informiert werden, wie Alltagsgegenstände in der modernen Welt gestaltet würden und welchen Anteil die künstlerischen Kräfte daran hätten.

Die künstlerischen Kräfte der modernen Welt sollten sich vor allem in den schwedischen Wohnungen entfalten. In Musterhäusern wurden exemplarische Wohnräume für jede Bevölkerungsgruppe vom Single mit geringem Einkommen bis hin zur Familie mit Dienstpersonal vorgeführt. Bei deren Gestaltung spielten, bedingt durch das skandinavische Klima, Licht und Helligkeit eine wesentliche Rolle. Auch Gunnar Myrdal, der führende Ökonom der schwedischen Sozialdemokratie, hob in einem 1932 veröffentlichten Aufsatz die Bedeutung von Architektur und Städteplanung als gesellschaftliches Element hervor. Eine »Sozialisierung des Bodens« sei die Voraussetzung einer vernünftigen Städteplanung, so Myrdal. Jedoch seien die neuen Wohnungen für die »Ärmsten der Stadtbevölkerung« nicht erschwinglich, weshalb die Kosten von anderer Stelle übernommen werden müssten. Wohnraum, so Myrdal weiter, sei eine derart wichtige Voraussetzung für physische und moralische Gesundheit, dass Kompromisse sich hier verböten. Ein guter Wohnort beuge vielen sozialen Missständen vor.

Während der Weltwirtschaftskrise wählten die Schweden 1932 eine sozialdemokratische Regierung, die wesentliche

Konzepte eben dieser Stockholmausstellung in ihr Programm übernahm. Das Regierungsprogramm, das der sozialdemokratische Ministerpräsident Per Albin Hansson unter dem Begriff »folkhem« (»Volksheim«) propagierte, sah neben vielen sozialpolitischen Maßnahmen auch den staatlich subventionierten Bau moderner Wohnungen vor. Sie waren vor allem auf die Bedürfnisse einer wachsenden Mittelschicht zugeschnitten. Die Architekten forderten eine Abkehr von traditionellen Formen und eine Hinwendung zu funktionalen, industriell gefertigten Möbeln. Schließlich wurden sie selbst zu »Schöpfern neuer Möbeltypen«. Herstellung und Formgebung von Möbeln waren bis zu diesem Zeitpunkt Aufgabe des Handwerkers gewesen. Zimmermann und Schreiner hatten Einzelstücke hergestellt, die zwar bestimmten Mustern folgen konnten, sich jedoch stets durch ihre Variation auszeichneten. Mit der Mechanisierung der Möbelherstellung im 20. Jahrhundert übernahm der Architekt das Entwerfen der Möbel, die nun zu Möbeltypen wurden.

Der Funktionalismus muss als eine gesamteuropäische Bewegung verstanden werden, doch nur in Schweden konnte er sich in vollem Umfang entfalten. Während sich Teile Westeuropas in den dreißiger Jahren radikalisierten, kam in Schweden eine Regierung an die Macht, die der Wissenschaft die gesellschaftsgestaltende Rolle schlechthin zugestand, die zuvor in der Stockholmausstellung propagiert worden war. Architekten wie Sven Markelius, Pädagogen wie Alva Myrdal und Ökonomen wie Gunnar Myrdal strebten nach einer neuen Struktur der Gesellschaft, die von der sozialdemokratischen Regierung in das Programm des »folkhem« übernommen wurde. Zentraler Ort dieser Entwicklung war das Heim, dessen Gestaltung – und auch hier findet sich ein Unterschied zu den europäischen Entwicklungen – ein zentrales Thema der Politik wurde. Bezahlbarer und moderner Wohnraum wurde zwar vom Staat gefördert, doch die Möblierung dieser neuen Wohnungen stellte arme Bewohner vor Probleme. Neue Möbel waren für viele Familien zu teuer, ihr Mobiliar bestand deshalb häufig aus geerbten oder reparierten Möbelstücken. Wer die entsprechenden finanziellen Möglichkeiten hatte, richtete sich mit massiven Möbeln im englischen Stil ein. Für ein Fünftel der schwedischen Bevölkerung schuf die sozialdemokratische Wohnpolitik nach dem Zweiten Weltkrieg neue Wohnungen, wodurch die Nachfrage nach bezahlbaren Möbeln in den vierziger Jahren stark anstieg.

In eine solche Welt stieß Ingvar Kamprad mit seinem Unternehmen vor: Er füllte eine Marktlücke, indem er funktionale und zugleich günstige Möbel anbot, die eben diesen Kundenkreis der sich neu Einrichtenden ansprechen sollten. Konsequent setzte er den Fokus auf den wachsenden Mittelstand als Zielgruppe, stimmte das Sortiment auf dessen Bedürfnisse und den von der Volksheim-Bewegung geprägten Geschmack ab und war genau deshalb früh unternehmerisch erfolgreich. Oder, wie es in Schweden heißt: »Per Albin Hansson hat das ›folkhem‹ gebaut, und Ingvar Kamprad hat es möbliert.«

Unter Kameraden:
Der junge Ingvar Kamprad und der Faschismus

In den frühen vierziger Jahren, als Ingvar Kamprad noch in Osby zur Schule ging, hatte er mit dem Faschismus sympathisiert, der in Schweden eine feste innenpolitische Größe war und seine Anhänger vor allem in den eher ländlichen Gebieten Südschwedens gefunden hatte. Im Jahr 1942 wurde Kamprad Mitglied von Nysvenska Rörelsen (›Die Neuschwedische Bewegung‹), nachdem er zuvor der rechtsextremen Gruppe Svensk socialistisk samling (›Schwedische sozialistische Vereinigung‹) angehört hatte. Er verteilte Broschüren und Flugblätter, der schwedische Inlandsgeheimdienst legte 1943 eine Akte über ihn an. Mit Peter Engdahl, dem Führer der Neuschwedischen Bewegung, verband ihn eine enge Freundschaft, die bis zum Tod Engdahls in den neunziger Jahren hielt: »Dass Peter Engdahl ein großer Mann war, daran werde ich festhalten, solange ich lebe«, sagte Ingvar Kamprad der Journalistin Elisabeth Åsbrink noch im Jahr 2010. Engdahl, vermutlich weniger ein Antisemit als ein Propagandist der korporativen Ideale des Faschismus und vor allem ein großer Anhänger Mussolinis, hatte Ingvar Kamprad, wie der schwedische Journalist Tobias Hübinette herausfand, beim Startkapital für Ikea geholfen. Umgekehrt soll Ingvar Kamprad, als sich die ersten geschäftlichen Erfolge eingestellt hatten, bei der Finanzierung der Neuschwedischen Bewegung geholfen haben. Aus der Neuschwedischen Bewegung gingen übrigens, über mehrere Vermittlungsstufen, die Schwedendemokraten hervor, die rechtspopulistische, fremdenfeindliche Partei, die heute im schwedischen Reichstag sitzt.

Otto Ullmann aus Wien war dreizehn Jahre alt, als er auf Betreiben seiner Eltern mit einer Gruppe jüdischer Flüchtlinge nach Schweden gebracht wurde. Zuerst kam er in einem Waisenhaus unter, dann fand er Arbeit auf Bauernhöfen. Mit achtzehn Jahren wurde er Knecht auf dem Hof der Familie Kamprad in Elmtaryd. Mit dem Sohn des Hauses war er bald eng befreundet. Die beiden jungen Männer gingen zusammen fischen, sie stellten den Frauen nach, sie arbeiteten nebeneinander. Elisabeth Åsbrink erzählt diese Geschichte in ihrem Buch *Och i Wienerwald står träden kvar* (›Und im Wienerwald stehen immer noch die Bäume‹, 2014), und sie berichtet auch, dass die jüdische Abstammung Otto Ullmanns zwischen den Freunden nie Gegenstand einer Auseinandersetzung war. Irgendwann, Ende 1946, zog Otto Ullmann nach Stockholm, dann weiter nach Palästina, kämpfte im israelischen Unabhängigkeitskrieg, kehrte aber schließlich nach Elmtaryd zurück – und wurde Teil des kleinen Kollektivs von Familienmitgliedern und Freunden, das die Keimzelle des Konzerns Ikea bildete. Otto Ullmann kümmerte sich um Werbebroschüren, Anzeigen und Messeauftritte. Aber er tat es nur für kurze Zeit. Im Jahr 1952 verließ Ullmann das Unternehmen, als Freund des Eigentümers.

In den frühen neunziger Jahren hieß es in *Vägen Framåt* (›Der Weg nach vorn‹), der Zeitschrift der Neuschwedischen Bewegung, über Ingvar Kamprad: »Um den Geist des Unternehmens hat er sich große Verdienste erworben. Klassenunterschiede sind verbannt. Ein kameradschaftliches Verhältnis zwischen allen Hierarchiestufen ist das Prinzip. Herrschaftsallüren und anmaßendes Verhalten werden bekämpft. Jeder soll fühlen, dass er oder sie geschätzt wird. Es ist selten, dass man die neuschwedischen Ideale so deutlich offenbart sieht.«

Etwa zur gleichen Zeit erklärte Ingvar Kamprad seine Sympathien für den Faschismus und deren Folgen zum größten Fehler seines Lebens. Das mag er auch so gemeint haben, obwohl er sich von Peter Engdahl nie distanzierte. Tatsächlich aber lagen die kollektivistischen Ideale der Sozialdemokratie und das Volkssoldatentum des Nationalsozialismus weniger

weit auseinander, als es von heute aus – da sich die Sozialdemokratie längst in eine bürgerliche, wenn nicht kleinbürger-
liche und darin individualistische Bewegung verwandelt hat –
den Anschein haben mag.

Industrielle Möbelfertigung
mit Familienanschluss

Zufriedenheit oder Geld zurück:
Die Schreinereien in Småland

Bei Möbeln ist Standardisierung eine relativ junge Entwicklung. Bis in das frühe 20. Jahrhundert hinein war der Möbelbau handwerklich geprägt und vor allem von der Nachfrage einer wohlhabenden Klientel bestimmt. In großem Maßstab standardisiert wurde erst mit der massenhaften Entstehung von Büros im ausgehenden 19. Jahrhundert, mit einigen Ausnahmen. Eine solche ist vor allem der »pinnstol« (Sprossenstuhl). Dieser bestand aus einer Sitzfläche, in die Beine und Rückensprossen hineingesteckt wurden, und er wurde in vielen europäischen Ländern wie auch in Nordamerika produziert – und selbstverständlich in Schweden, vor allem in den besonders holzreichen Provinzen. Die Stuhlfabrik im småländischen Nässjö etwa stellte solche Stühle seit dem Ende des 19. Jahrhunderts her, wobei die gedrechselten Sprossen häufig von Bauern in Heimarbeit hergestellt wurden. Diese Stühle wurden demontiert verschickt und erst am Bestimmungsort zusammengesetzt.

Die eigentliche industrielle Möbelfertigung wurde erst mit der Entwicklung von Elektromotoren und Sperrholz möglich: Sperrholz erlaubte, die natürliche Gestalt des Holzes aufzulösen und das Material zu neuen Einheiten zusammenzufügen. Zudem ermöglichte es eine effizientere Nutzung des vorhandenen Holzes. Noch wichtiger war jedoch, dass Sperrholz sich weder verzieht noch aufquillt. Mit seiner Verwendung für die Möbelproduktion begann in den dreißiger Jahren die industrielle Möbelfertigung. Und ohne Sperrholz hätte es Ikeas Erfolg nicht gegeben.

Mit dem zunehmenden Einsatz von Spanplatten zur Herstellung von Möbeln wurde auch eine technische Neuerung eingeführt, die oft mit Ikea identifiziert wird, aber nicht von Ikea entwickelt wurde. Gemeint ist die Schraube mit einer sechskantigen Aussparung im Kopf mitsamt dem dazugehörigen Innensechskant-Schlüssel, auch Inbus-Schlüssel genannt. Zum ersten Mal wurde er 1968 verwendet, für die Sitzgruppe Robin und den Tisch Pop 68. Auch die Küchengruppe Pax wurde mit Hilfe des Sechskant-Schlüssels zusammengesetzt. Patentiert worden war der Schlüssel im Jahr 1936 in der Rheinischen Schrauben- und Mutternfabrik Bauer und Schaurte in Neuss. Er eignet sich besonders für die Verbindung von Spanplatten, da diese stabiler als Holz sind, oft aber auch leichter zu durchdringen. In den Schreinereien in Småland war er spätestens seit den fünfziger Jahren gebräuchlich, so dass Ikea ihn nur von den Lieferanten des Unternehmens zu übernehmen brauchte. Im Laufe der Jahre wurde die Form des Werkzeugs mehrmals abgewandelt, hauptsächlich aus ergonomischen Gründen: So wurde aus dem »L«, das der Schlüssel ursprünglich bildete, ein »Z«, und die Aussparung in der Schraube wandelte sich von einem tief ausgeschnittenen Hexagon zu einem

runden Loch mit sechs Spitzen. Und auch wenn Ikea bei vielen
Möbeln längst zu anderen Techniken übergegangen ist, zu
Exzenternocken und Dübeln vor allem, so gelangen doch in je-
dem Jahr, wie von Ikea zu erfahren ist, noch fünfzig Millionen
Innensechskant-Schlüssel in die Welt.

Viele der großen Möbelproduzenten organisierten sich in
dem 1915 gegründeten Dachverband Sveriges Möbelindustri-
förbund (›SMI‹; ›Schwedischer Möbelindustrieverband‹). Wie
die Möbelhersteller waren auch die Möbelhändler in einem
Dachverband organisiert, Sveriges Möbelhandlares Centralför-
bund (›SMC‹; ›Zentralverband Schwedischer Möbelhändler‹).
Bis 1945 existierten Absprachen zwischen beiden Verbänden,
sie wurden dann jedoch aus kartellrechtlichen Gründen unter-
sagt. Das formelle Außerkraftsetzen der Absprache änderte
wenig an dieser Konstellation. Viele Unternehmen weigerten
sich weiterhin, an »externe« Käufer zu liefern, da sie einen Re-
putationsverlust innerhalb des Verbandes fürchteten.

Ikea hatte von vornherein versucht, sich diesem Kartell zu
entziehen. Von den sechs wichtigsten Lieferanten des Unternehmens waren zu Beginn der fünfziger Jahre nur zwei Mit-

glied des SMI gewesen. Neben dem Direktvertrieb war es diese Auswahl der Lieferanten, die eine für die Konkurrenten und Mitglieder des SMC nicht zu unterbietende Preisgestaltung ermöglichte. Obwohl die Lieferanten auf höhere Preise verzichteten, waren die Verträge mit Ikea dennoch lukrativ für sie. So kaufte Ikea von einigen Unternehmen zwischen sechzig und siebzig Prozent ihrer Gesamtproduktion. Deshalb waren sie häufig auch bereit, das Kartell zu umgehen und direkt mit Ingvar Kamprad zu verhandeln. Die hohe Auslastung der Lieferanten war ein wichtiger Faktor der Preisgestaltung. Außerdem verzichtete Ikea auf Vertreter.

Der anhaltende Erfolg der Möbelsparte im Gesamtangebot von Ikea führte jedoch auch zu Problemen. Die Konkurrenzsituation zwischen den Versandhäusern spitzte sich so stark zu, dass sich der Preisdruck auf die Qualität der Ware auswirkte. Die Unmöglichkeit, Waren vor der Bestellung begutachten zu können, und ein zudem wenig ausgeprägter Verbraucherschutz brachten den Versandhandel in Verruf. Auf der Titelseite der Ausgabe der Broschüre *ikéa-nytt* für Frühjahr/Sommer 1950 versuchte Ikea daher, dem drohenden Statusverlust entgegenzuwirken. In Form einer Zufriedenheitsgarantie versprach das Unternehmen seinen Erstkunden, Waren probehalber bestellen zu können und im Falle der Unzufriedenheit den vollen Kaufpreis erstattet zu bekommen. Der Text schloss mit den Worten »Vollste Zufriedenheit oder Geld zurück«.

Im Frühjahr 1952 richtete Kamprad das Unternehmen ausschließlich auf den Verkauf von Möbeln aus. In der letzten Ausgabe der *ikéa-nytt* wurden die Kunden über den Strategiewechsel des Unternehmens informiert. Um das schwindende Vertrauen der Kundschaft in das Versandgeschäft zurückzugewinnen, präsentierte man die angebotenen Möbel in einer

Aufbauanleitung von Ikea mit zwei Innensechskantschlüsseln

Dauerausstellung – dort sollten sich die Kunden selbst ein Bild von der Möbelqualität machen können. Zu diesem Zweck erstand Kamprad 1952 eine stillgelegte Schreinerei in der Nachbarstadt Älmhult für eine, wie er rückblickend fand, schwindelerregende Summe. Die Möbelausstellung ermöglichte es dem Unternehmen überdies, sich dem Preiskampf mit den konkurrierenden Versandunternehmen zu entziehen. Da die Kunden sich der Qualität der Waren vor Ort versichern konnten, waren sie bereit, höhere Preise als bei den anderen Versandunternehmen zu zahlen; jedoch lagen diese zuweilen immer noch fünfzig Prozent unter den Preisen des konkurrierenden stationären Möbelhandels. Dabei unterschieden sich die Möbel kaum voneinander. Die Schreinereien stellten »ihre« Möbel her und verkauften sie sowohl an Ikea als auch an andere Unternehmen.

Zwei Faktoren tragen heute wesentlich zum Kultstatus des Möbelhauses bei: Die familienfreundliche Gastronomie zu kleinen Preisen (manchem sind inzwischen allein die legendären Köttbullar eine Ikea-Reise wert) und der dicke bunte Katalog. Beides begleitete die Firma in nuce von ihren Anfängen an. Schon das erste Ausstellungshaus verfügte über ein kleines Café, um die Kundschaft, die mit dem Auto oder der Bahn aus dem Umland angereist war, zu bewirten. Trotz der Möbelausstellung agierte Ikea noch immer als Versandunternehmen. Die Waren wurden mit einem Bestellformular geordert, während der Versand nach wie vor durch die jeweilige Schreinerei erfolgte. Den ersten Möbelkatalog veröffentlichte Ikea im Jahr 1953. Er wurde mit einer Auflage von 100 000 Exemplaren an alle Kunden verschickt, die in der Kartei verzeichnet waren. Der Katalog warb sowohl mit einer Preis- als auch mit einer Verfügbarkeitsgarantie, weshalb alle angebotenen Möbel auch bei den Schreinereien auf Lager sein mussten. Um dies zu gewährleisten, ließ Kamprad seine Lieferanten nicht wie üblich nach Auftragslage produzieren, sondern garantierte ihnen eine konstante Abnahme, wodurch in vielen kleinen Schreinereien der Wandel vom Akkordlohn hin zur Lohnarbeit vollzogen wurde. Die Skalenerträge, die für Ikea so wichtig geworden waren, konnten deswegen nicht länger nur von dem kleinen Einzugsgebiet rund um Älmhult erzielt werden. Kamprads nächstes Ziel musste es also sein, dem Unternehmen überregionale Bekanntheit zu verschaffen.

Schönheit für alle:
Ein Fall für den Zivilingenieur

Die Stifter der schwedischen Variante des Sozialstaats – der Ökonom Gunnar Myrdal und seine Frau, die Pädagogin Alva Myrdal, der Architekt Sven Markelius, der Psychiater Gustav Jonsson und einige andere – sie alle mögen von sich selbst geglaubt haben, sie hätten die neuen Regeln einer neuen Welt formuliert. Das ist nur bedingt richtig, denn in diesen Regeln setzt sich der schwedische Pietismus fort, die Philanthropie des 19. Jahrhunderts, die Geschichte der schwedischen Sozialdemokratie und die der Gewerkschaftsbewegung. All diese Dinge gehörten zur langen Phase der Vorbereitung eines modernen Staats, wie er Gestalt annahm, nachdem die Sozialdemokraten im September 1932 die Wahl gewonnen hatten und Per Albin Hansson, ihr erster Premierminister, die Nation in ein »Volksheim« zu verwandeln gelobte. Sechs Jahre später wurde der Vertrag von Saltsjöbaden geschlossen; Arbeitgeberverband und Gewerkschaften versprachen, die Löhne nur noch miteinander auszuhandeln. Ein langer Arbeitsfriede zog ins Land wie auch zunehmender Wohlstand. Aus Schweden wurde eine kleine Industrienation mit einem großen Außenhandel.

Diese Situation dürfte historisch einmalig gewesen sein: Ein an Naturschätzen reiches Land mit einer funktionierenden Infrastruktur und einer relativ gebildeten Bevölkerung bricht erfolgreich auf in die Industrialisierung – mit einer sozialdemokratischen Regierung. Dies muss der Moment gewesen sein, in dem ökonomischer Fortschritt, Demokratie und staatliche Regulierung zusammengebracht werden konnten. Der Staat konnte zu einer Art »Heim« für das Volk werden, funktionalistisch organisiert, pädagogisch motiviert, praktisch, affektiv, spirituell, entschlossen, die Unsicherheiten und Unwägbarkeiten in der Lebensplanung eines jeden auf ein Minimum zu reduzieren. Und dies war der historische Augenblick, in dem der »civilingenjör« entstand, der »soziale Ingenieur«, ein auf der Welt bis vor kurzem einzigartiger skandinavischer Beruf, in dem sich der Betriebswirt mit dem Verwaltungsexperten, der Pädagoge mit dem Geschäftsmann verbindet – und in dem das »social design«, dem sich heute ein eigener Berufsstand widmet, vorgezeichnet ist. »Eine derartige konstruktive Ingenieurskunst ist genau genommen in Schweden angemessener als in irgendeinem anderen Land«, erläuterte Alva Myrdal Ende der dreißiger Jahre. »Die Wissenschaftstheorie, die dahinter steht – nämlich dass man ein System relevanter Werteprämissen neben einem System beobachteter Fakten zulässt – wurde in Schweden tatsächlich ausprobiert.«

Eine Generation zuvor, um die Jahrhundertwende, hatte Ellen Key ein eigenes Wort für diesen Zustand von Geborgenheit durch gesellschaftliche und staatliche Fürsorge geprägt: »samhällsmoderlighet«. Man braucht einen halben Satz für die Übersetzung dieses Worts ins Deutsche: die mütterliche Fürsorge, die dem Einzelnen durch die Gesellschaft zuteilwird. Der Erfolg der schwedischen Sozialdemokratie – und die zentrale Bedeutung, die dem Ehepaar Myrdal dabei zukommt – beruht auf diesem Gedanken, nämlich der Erweiterung der traditionell auf die Arbeitsverhältnisse bezogenen sozialdemokratischen Politik um die Familien- und Bevölkerungspolitik. Sie sollte die Schlüsselfunktion übernehmen bei der Veränderung der Gesellschaft, und die Familie, ihr Grundelement, wurde dabei nicht, wie bei Konservativen, als soziales Fundament begriffen, sondern als wichtigste Agentur des Neuen –

und als Speerspitze des Kampfes gegen die Tendenz zum Eigennutz und zum Individualismus.

Der Wunsch nach zweckmäßigem Wohnen hatte sich bereits in dem 1897 von der Pädagogin Ellen Key veröffentlichten Aufsatz *Skönhet i hemmen* (›Schönheit in den Wohnungen‹) geltend gemacht. Key zeichnet hierin das Idealbild einer Natur, in der Einfachheit und Leichtigkeit dominieren. Diese Einfachheit sollte sich auf alle Gegenstände des Hauses übertragen und dadurch die »Hässlichkeit« der Wohnräume beheben. Fabrikanten sollten sich mit dem Kunsthandwerk in Verbindung setzen, um »dem Kleinsten, wie bspw. der Streichholzschachtel, bis hin zum Größten die schönsten Formen« zu verleihen – so lautet eine Forderung Keys. Erst wenn das Schöne so günstig sei wie das Hässliche, so Key weiter, könne die »Schönheit für alle« Wirklichkeit werden. Schönheit solle ein soziales Ziel sein, das auf kurze Sicht die ästhetische Ausgestaltung der Wohnräume, langfristig einen gesteigerten Lebensstandard und glücklichere Menschen mit sich bringen werde.

Ikea hat nicht nur eine Marketingstrategie. Das Unternehmen hat vielmehr, eben weil es alle menschlichen Beziehungen durchdringen will, eine Ideologie. Das gilt nicht nur für das Inland, sondern vielleicht mehr noch für das Ausland. Diese Ideologie ist eine Ableitung aus dem Prinzip der »samhällsmoderlighet«. Bei Ikea erscheint dieses Prinzip aufgehoben in der Kategorie »Familie«. Nach ihr heißt nicht nur die hauseigene Bonus- und Kreditkarte (»Ikea Family«), nach ihr sind auch die Warenhäuser gestaltet, in Form eines endlosen Parcours von Lebenswelten (im Gegensatz zum Baumarkt mit seinen langen Regalen). Und in diesen Zusammenhang gehört auch eine Art Umdeutung des Billigen: Denn eine Familie grenzt sich nach außen ab. Dort herrscht das Öffentliche, und das Öffentliche ist immer fordernd und berechnend. Hier aber ist die Familie, hier regiert nicht das Geld, sondern die Liebe, zu besonders niedrigen Preisen. Und auch der Umstand, dass der Käufer bei vielen Ikea-Möbeln selbst Hand anlegen muss, hat etwas mit Familie zu tun: mit einer eng gefassten Gemeinschaft, in der jeder das ihm Mögliche tut, damit das Ganze dann umso besser und schöner wird.

Im Februar 1986, zwei Wochen vor seiner Ermordung, verteidigte der sozialdemokratische Premierminister Olof Palme eine Politik der Gemeinschaft, die größtmögliche Sicherheit vor den Unwägbarkeiten einer jeden Lebenslaufbahn versprach. »Sie nimmt uns die Furcht vor dem Unerwarteten, das kommt, um unser Leben und unsere Träume zu zerstören. Sie geleitet uns zum Lichten und zum Guten. So gewinnen wir Zeit und Kraft, um uns einander zu widmen. Wir fühlen uns geborgen, wir sind von der Lähmung durch die Furcht befreit. Dann wächst die Lebensfreude und breitet sich aus, in uns selbst wie von einem Menschen zum nächsten.« Weit mehr als die Sorge um das Wohl der Schwachen spricht aus diesen Worten der Wunsch nach der Meisterung eines ebenso existentiell wie psychologisch definierten Problems: Der freie Wettbewerb, die Markwirtschaft, sollte zwar im Lande herrschen, Verlierer aber durfte es nicht geben.

In den achtziger Jahren brach in Schweden der gesellschaftliche Konsens auseinander, jedenfalls in den Institutionen. Der Arbeitgeberverband verließ die staatlichen Ausschüsse, in denen über das Wohl aller verhandelt wurde. Der große Kompromiss, der seit den dreißiger Jahren das Verhältnis zwischen Kapital und Arbeit zum Nutzen der Nation bestimmt hatte, war an seinem Ende angekommen. Die Löhne und Gehälter für die Arbeiter und Angestellten werden nun nur noch selten zentral und solidarisch ausgehandelt. Und auch die einst obligatorische Doppelmitgliedschaft in der Gewerkschaft und in der sozialdemokratischen Partei gibt es seitdem nicht mehr. Unterdessen rechnete der Chefökonom der Gewerkschaft in den neunziger Jahren aus, dass die Emanzipation der Frau die Gesellschaft in Gestalt von Krippen, Kindergärten, Ganztagsschulen und dergleichen jährlich fünf Prozent des Bruttosozialprodukts koste. Eine Gewerkschaft aber, die in solcher Weise nicht in Ansprüchen und Forderungen, sondern in den Kategorien des internationalen Wettbewerbs rechnet, ist nicht mehr die stärkste Kraft im Land, sondern lediglich ein Club von mehr als zwei Millionen Mitgliedern. Schweden blieb trotzdem eines der reichsten und ökonomisch erfolgreichsten Länder der Welt, wenngleich es seinen Partnern und Konkurrenten, vor allem Deutschland, zunehmend ähnlicher wurde (und umgekehrt).

Im Nachlass von Ingvar Kamprad fand man übrigens einen Brief, den er in Erwartung seines Todes an die Mitarbeiter geschrieben hatte. Er war mit der Hand auf Rechenpapier geschrieben, in gleichmäßigen, nach rechts geneigten Großbuchstaben. »Liebe ganze Ikea-Familie«, lautete die Anrede, bevor der Verfasser sich »bei den besten Mitarbeitern der Welt« und einer »Familie, die stets zu helfen bereit ist«, bedankte. »All das fehlt mir. Alle Umarmungen und Handschläge, die das wichtige Miteinander bestätigen, der angenehme Schmerz in der Hand nach 1500 Handschlägen bei der Weihnachtsfeier in Älmhult.« Danach ermahnt er die älteren Mitarbeiter, als Mentoren der Jüngeren zu wirken, und die jüngeren Mitarbeiter, sich einen Mentor zu suchen und von ihr oder ihm zu lernen. »Wonach ich mich während der vergangenen zehn Jahre am meisten gesehnt habe, sind Entschlusskraft und Einfachheit und die Rückkehr des gesunden Menschenverstands. Ich habe nie an die Statistik mit ihren Kurven und Stapeln geglaubt oder an rigide Marktforschung – sie bilden nur einen winzigen Teil der Wahrheit ab. Oft sind sie große Feinde der Entschlusskraft.« Jedes Mal, wenn das Wort »tillsammans« (»zusammen«) im Text vorkommt, ist es unterstrichen. Erstaunlich, wie offenbar ehrlich empfundenes Familienbewusstsein und erfolgreiches Unternehmertum hier zusammengehen.

1x

Besser sein als die anderen. Konkurrenzverdrängung und innovative Konzepte

Das Ungeheuer aus Älmhult: Ikea bekämpft die schwedische Konkurrenz

Die im Jahr 1943 von der Svenska Slöjdförening ins Leben gerufene St. Eriksmesse entwickelte sich schnell zur wichtigsten
Einrichtungsmesse Schwedens. Neben der Veröffentlichung
des Katalogs boten diese jährlichen Veranstaltungen Ingvar
Kamprad die Möglichkeit, seinem Unternehmen auch außerhalb Smålands Aufmerksamkeit zu verschaffen. Seit 1949 stellte Ikea daher auf der St. Eriksmesse in Stockholm aus, ab 1950
ausschließlich Möbel. Anders als die Konkurrenz versah Ikea
seine Ware mit Preiszetteln und schaltete darüber hinaus
Annoncen in den Stockholmer Zeitungen, in denen das Unternehmen mit dem Direktverkauf auf der Messe warb. Der
Direktverkauf, der laut den Regelungen der St. Eriksmesse verboten war, führte zu einem Ausstellungsverbot für das Jahr
1951. Nach einer öffentlichen Entschuldigung Kamprads erhielt
Ikea für 1952 erneut eine Ausstellungsgenehmigung, in der

jedoch ausdrücklich auf das Verbot des Verkaufs von Ausstellungsstücken hingewiesen wurde. Zwar verzichtete Ikea in diesem Jahr auf den Direktverkauf, investierte aber umso stärker in Flugblätter und Werbung. Der Zentralverband schwedischer Möbelhändler äußerte sich über den Strategiewechsel: »Es scheint sich hier wie bei einem antiken Ungeheuer mit sieben Köpfen zu verhalten. Schlägt man einen Kopf ab, wächst sofort ein neuer nach!«

Ab 1953 sah sich Kamprad gezwungen, den Messeauftritt unter dem Namen Ikea einzustellen. Um weiterhin auf den Messen präsent zu sein, gründete er noch im selben Jahr das Unternehmen Svensk Royalimport, das sich offiziell auf den Import von Teppichen spezialisierte. Im Jahr 1954 wurde zudem verboten, die auf der Messe ausgestellten Waren mit Preisen auszuzeichnen. Kamprads bis dahin wichtigstes Werbemittel konnte folglich nicht mehr eingesetzt werden. Die Verbote, die häufig auf Druck des Verbandes der Möbelhändler erwirkt worden waren, sorgten laut Kamprad auch bei anderen Ausstellern für Unverständnis: »Wenn zwei Unternehmen zum Beispiel Radioapparate ausstellen, der eine elegant zum Preis von 1100 Kronen, der andere für 95 Kronen, so spricht wenig für den Zweiten, wenn man nicht seinen Preis angeben darf. Das ist ja das Sensationelle an so einem Produkt!«, erklärte Ingvar Kamprad Journalisten, die über die Auseinandersetzung berichten wollten.

Im Jahr 1954 versuchte der Direktor des schwedischen Möbelhändlerverbandes, Kamprad einen Verstoß gegen die Auflagen der St. Eriksmesse nachzuweisen. Kamprad war in jenem Jahr als Vertreter seines eigenen Zulieferers nach Stockholm gereist. In einem Bericht an den Schwedischen Kaufmannsverband schrieb der Direktor: »Ich zeigte Interesse an

einem Sessel, dem exakten Plagiat eines Dux-Sessels. Ich fragte, ob es ein Dux sei, und der Verkäufer antwortete mir, dass es
genau der gleiche Sessel sei, nur dürfe man ihn nicht so nen-
nen. Der Preis lag bei 102 Kronen, jedoch sollte er nach der
Messe 114 Kronen kosten. Es ist doch sehr merkwürdig, dass
ein Unternehmen besondere Messepreise anbietet, obwohl es
nicht an Privatleute verkaufen darf. Laut dem Verkäufer koste-
ten entsprechende Möbel auf dem Markt 195 Kronen. Ich bat
darum, den Sessel kaufen zu dürfen, und der Verkäufer notier-
te ›durch Ikéa‹. Auf meine Frage, ob ich denn nicht unterzeich-
nen müsse, antwortete er mir, dass dies nicht notwendig sei,
da mir der Bestellzettel auf dem Postweg zugehen würde. Ich
fragte weiter, ob ich nicht die Bestellaufnahme mitnehmen
könnte. Dies gestattete man mir nicht, da diese Art des Verkaufs nicht erlaubt sei. Vermutlich kann der Verkäufer so be-
haupten, dass die Bestellung wegen meiner fehlenden Unter-
schrift nicht zustande gekommen ist.« Ingvar Kamprad war ein
Schlitzohr. Aber er war es auf eine Weise, die jeder verstand
und mit der fast jeder (außer der Konkurrenz) sympathisieren
konnte.

Auch 1955 nahm Ikea trotz der immer stärkeren Restrik-
tionen an der Messe teil. Am 15. August 1955 schrieb ein Möbel-
fabrikant aus Älmhult an den Möbelindustrieverband: »Ich
möchte Sie darauf aufmerksam machen, dass die Firma Ikéa
aus Älmhult in diesem Jahr mit Hilfe ihrer Lieferanten an der
St. Eriksmesse teilnimmt … Mir wurde erzählt, dass zwar
einer ihrer Lieferanten an der Messe teilnehmen wird, alle
Kosten jedoch von Ikéa getragen werden.« Als Reaktion auf
die zunehmend erschwerten Bedingungen der St. Eriksmesse
veranstaltete Ikea, unter eigenem Namen, im Februar 1955
eine Ausstellung in der Stockholmer Kungshallen, die das

Unternehmen dazu nutzte, Namen und Adressen potentieller Interessenten einzusammeln. Der Stockholmer Kaufmannsverband kritisierte, dass die Ausstellung den ortsansässigen Möbelhändlern Konkurrenz mache. Gemeinsam mit der Stockholmer Möbelvereinigung traf der Kaufmannsverband daraufhin mit den Eigentümern verschiedener Ausstellungsräume in Stockholm die Abmachung, ihre Räume nicht an Unternehmen wie Ikea zu vermieten, da diese die Ausstellung als Verkaufsfläche nutzen würden. Ikea wurde folglich als ein Mitbewerber wahrgenommen, der sich nicht an die Regeln der Branche hielt – ein Emporkömmling, den man in die Schranken weisen musste. Die immer engeren Beschränkungen auf der St. Eriksmesse waren vor allem eine Reaktion auf das Auftreten Ikeas, zogen jedoch auch andere, unbeteiligte Aussteller in Mitleidenschaft.

Vor dem Hintergrund der sich überschlagenden Ereignisse widmete das Staatliche Preis- und Kartellamt den Vorfällen im Jahr 1957 einen Sonderbericht. Dieser untersuchte neben den Vorfällen auf der St. Eriksmesse auch das Verhalten des SMI gegenüber Ikea und seinen Lieferanten. Auf den SMI angesprochen, äußerte Kamprad, dass die meisten Fabriken, die nicht an Ikea verkaufen wollten, Mitglieder in diesem Verband seien. Obgleich das Abkommen zwischen SMI und SMC seit 1945 nicht mehr bestanden hatte, wurden weiterhin Bestellungen mit dem Verweis darauf abgelehnt, dass Lieferanten ausschließlich an den Verband der Möbelhändler verkaufen sollten.

Dass manche Mitglieder des Möbelindustrieverbandes dennoch an Ikea liefern wollten, stellte diese Unternehmen vor Probleme. So traf Kamprad mit einzelnen Fabriken die Vereinbarung, ihre Möbel ausschließlich im Haus in Älmhult auszustellen und nicht im Katalog anzubieten. Darüber hinaus sahen sich Fabriken dazu gezwungen, ihre Lieferungen anonym zu versenden, um nicht als Lieferanten Ikeas enttarnt zu werden. Den mit Ikea kooperierenden Unternehmen drohte man mit Boykott. Dennoch lohnte sich für sie die Zusammenarbeit: Neben den großen Auftragsvolumina, mit denen Ikea die Fabriken auslastete, garantierte Kamprad die Begleichung offener Rechnungen innerhalb von zehn Tagen, während die Fabrikanten üblicherweise drei bis vier Monate auf ihr Geld warten mussten.

Der Boykott der Möbelindustrie hatte dazu geführt, dass sich das Sortiment der Ausstellung in Älmhult von dem des Katalogs unterschied. Gleichzeitig mussten sich einige Lieferanten dem Druck des Möbelindustrieverbandes beugen und die Lieferungen an Ikea einstellen. Das Unternehmen war so zeitweise nicht mehr in der Lage, die im Katalog angebotenen Waren rechtzeitig zu liefern. Die Verbindung von steigender Nachfrage und Lieferengpässen war für Ikea problematisch. Nicht selten mussten Kunden mit Lieferverzögerungen rechnen, wodurch das Vertrauen in die Firma auf die Probe gestellt wurde. Wegen der schwierigen Liefersituation konnten auch Exportanfragen aus dem Ausland, zu denen die Messeauftritte Ikeas seit Mitte der fünfziger Jahre geführt hatten, nicht bedient werden.

Zwar sollte der Export in den folgenden Jahren für Ikea eine Rolle spielen, jedoch nicht mit Hilfe einer eigenen Fabrik. Es gelang dem Unternehmen vielmehr, das Konzept der rationalen Produktionsweise auf seine etablierten Fabrikanten zu übertragen. Vor diesem Hintergrund entwickelte sich zugleich die Strategie, bei der Produktion vollständig auf externe Lieferanten zu setzen. So konnte man einerseits stets die günstigsten Produkte einkaufen, andererseits bewahrte man sich Flexibilität im Hinblick auf das Sortiment, da man sich mit eigenen Produktionsstätten auf bestimmte Artikel hätte festlegen müssen.

Wir reißen die Beine aus:
Eigenes Design und flaches Paket

Erst die Verlagerung der Möbelmontage auf den Kunden ließ Ikea den Möbelexport überhaupt in Betracht ziehen. Der Boykott einiger Lieferanten hatte das Unternehmen ab 1955 dazu gezwungen, die Form der Möbel selbst zu bestimmen. Eine der Hauptursachen des Boykotts lag darin, dass Ikea mit den gleichen Möbeln beliefert wurde wie die Konkurrenten, aber zu günstigeren Preisen. Es gab die niedrigeren Preise, weil Ikea größere Mengen abnahm als die Wettbewerber. Es gab sie aber auch, weil Ikea geringere Gewinnmargen aufschlug, denn die Firma musste sich nicht an die Vorgaben des Zentralverbandes Schwedischer Möbelhändler halten. Um sich der Konkurrenz und dem Boykott zu entziehen, begann Ikea nun damit, eigene Möbel zu entwerfen. Zu Beginn der fünfziger Jahre hatte man den Werbezeichner Gillis Lundgren für das Unternehmen gewinnen können. Lundgren, der zunächst mit der Gestaltung der Kataloge betraut worden war, spielte eine wesentliche Rolle für die Entwicklung einer eigenen Formgebung: Er veränderte bei den Möbeln der Lieferanten die Pläne so, dass sie als neues Modell verkauft werden konnten – so vermied Ikea den direkten Wettbewerb mit den Konkurrenten.

Die Formgebung der schwedischen Möbel war bis in die zwanziger Jahre hinein von einer bäuerlichen Tradition geprägt, während sich die bürgerliche Wohnkultur stark am britischen Vorbild orientierte und dessen Stil kopierte. Die Möbel beider Klassen waren für ihre Schwere und für dunkle Materialien bekannt. Erst mit dem »folkhem« und der damit verbundenen staatlichen Aufklärungs- und Erziehungsarbeit wurde mit dieser Tradition gebrochen. Als Reflex der Stockholmausstellung dominierten ab den vierziger Jahren immer häufiger helle Hölzer und eine funktionalistische, schlichte Formgebung. Während das Bauhaus seit den zwanziger Jahren in vielen Ländern Europas immer mehr an Einfluss gewonnen hatte, war die Formgebung der zeitgenössischen schwedischen wie auch skandinavischen Möbel an die Möbel der Wiener Zwischenkriegszeit angelehnt. Unter den Bedingungen der Nachkriegsrezession war dort das Entwerfen schlichter Einrichtungsgegenstände in den Mittelpunkt gerückt, die auch dem in Schweden ausgeprägten Wunsch nach Einfachheit und Funktionalismus entsprachen – sie sollten die Formgebung nicht nur der ersten Ikea-Möbel maßgeblich beeinflussen.

Neben seiner Tätigkeit als Formgeber wurde Gillis Lundgren von Ingvar Kamprad zum Urheber eines der wesentlichen Erfolgskonzepte des Unternehmens stilisiert, des flachen Pakets: »Es war ebenfalls Gillis, der einmal, nachdem wir einen Tisch fotografiert hatten und ihn hinterher verpacken wollten, etwas brummelte wie: ›Mensch, wie viel Platz der verbraucht – wir reißen die Beine raus und legen sie unter die Tischplatte.‹ So hatten wir eines schönen Tages […] unser erstes flaches Paket, und damit lösten wir eine Revolution aus«, erinnert sich Kamprad in der von Bertil Torekull verfassten Unternehmensgeschichte. Das Verpacken von Möbeln in flachen Paketen war jedoch keineswegs eine Erfindung der fünfziger Jahre: Schon die Sprossenstühle des 19. Jahrhunderts konnten montiert werden, und die Einzelteile waren leicht transportierbar. Ab den dreißiger Jahren griffen auch Formgeber und Architekten immer häufiger auf das »Knock-down«-Prinzip zurück.

Im Zusammenhang mit der Entwicklung des »Volksheims« und der damit verbundenen Nachfrage nach bezahlbaren und praktischen Möbeln schrieb das Warenhaus Nordiska Kompaniet (NK) gemeinsam mit der Svenska Slöjdförening im Jahr 1946 einen Wettbewerb aus, in dem Möbel gesucht wurden, »die den Bedürfnissen der modernen Familie entsprechen und sich für die Serienproduktion eignen«. Elias Svedberg und seine Mitarbeiter Erik Wörts und Lena Larsson gewannen den Wettbewerb mit dem Projekt »ta i trä« (etwa: Holz zum Anfassen). Das Konzept sah vor, die Möbelbestandteile mit einer Anleitung, Schrauben und Scharnieren in flachen Paketen auszuliefern, die Montage sollte der Kunde selbst übernehmen. Lena Larsson, die später ebenso wie Svedberg bei NK angestellt wurde, beschrieb den revolutionären Charakter des Konstruktionsprinzips so: »Zum ersten Mal konnte man den Zusammenhang zwischen der Distribution und der Form und Konstruktion der Möbel erkennen.« Erik Wörts, einer der Wegbereiter des flachen Pakets, wurde 1957 Mitarbeiter bei Ikea.

Ikea hatte das flache Paket also nicht erfunden, erkannte aber früh dessen revolutionären Charakter. Zwar nutzten auch andere Möbelunternehmen diese Vertriebsform, doch taten sie dies häufig ausschließlich vor dem Hintergrund der Transportkostenersparnis. Zudem fand das flache Paket in diesen Unternehmen nur bei bestimmten Möbelarten Verwendung, weshalb viele Fabriken den Großteil ihrer Möbel nach wie vor als Sammelbestellungen verschickten. Die Möglichkeit, große Möbelstücke in Einzelteilen an den Kunden zu versenden, barg aber noch weitere Vorteile. Die Kosten der Produktion und Lagerhaltung konnten auf Seiten der Lieferanten stark reduziert werden; zugleich verringerten sich die Transportschäden, ein häufiger Reklamationsgrund. Die veränderte Distributionsstruktur wirkte sich bei Ikea auch auf die Formgebung der Möbel aus. Zwar setzte sich das flache Paket bei der Firma erst in den sechziger Jahren endgültig durch, läutete aber im Unternehmen von Anfang an eine Rationalisierungswelle ein. Um Kosten zu senken, wurden die selbstgestalteten Möbel nun immer häufiger an die Produktionsmethoden der Lieferanten angepasst. Gleichzeitig begann Kamprad, die Rohmaterialien der Lieferanten selbst einzukaufen, um Mengenrabatte maximal auszunutzen. Die effizientere Produktion schlug sich unmittelbar in den Finanzen nieder: Hatte das Unternehmen 1954 noch einen Umsatz von drei Millionen Kronen erzielt, betrug dieser 1957 bereits 17 Millionen Kronen.

Der nette Mann in der zweiten Etage: Fortschritte in der Typologie des Wohnens

So wie in den ersten Jahrzehnten des 20. Jahrhunderts die Kleidung konfektioniert wurde, so geschah es auch mit der Inneneinrichtung. Im Jahr 1935 wurde in Stockholm ein »Kollektivhaus« errichtet, ein Projekt gemeinsamen Wohnens und Lebens, in dem die Prinzipien des »Volksheims« auf das individuelle Dasein heruntergebrochen werden sollten, in praktischer und vorbildlicher Form. Als das »Kollektivhaus« der Öffentlichkeit bereits vorgestellt worden war, der Erfolg des Projekts aber noch in den Sternen stand, ließ Sven Markelius, der Architekt, acht Wohnungen durch Möbelfirmen und Innenarchitekten einrichten und für die Allgemeinheit öffnen. Mit

Bildern dieser Musterwohnungen wurde eine Broschüre angefertigt, die um Interessenten warb – nicht um Mitbewohner überhaupt, sondern um einen gewissen Typus von Siedlern einer neuen Welt. »Ich versuche, die Interessenten zu sortieren«, hatte Sven Markelius schon zuvor gesagt, »so dass nur die Leute ins Haus kommen, die das Kollektivhaus wirklich brauchen. Also junge Familien, in denen Mann und Frau arbeiten gehen, die ein Kind oder zwei kleine Kinder haben oder welche bekommen wollen. Es ist klar, dass viele ältere Menschen von diesem Haus angesprochen werden, aber ich will eine hinlänglich große Anzahl Kinder für meine schöne Tagesstätte haben.« Das Haus und seine zukünftigen Mitglieder wurden in der Broschüre als idealtypische Bewohner einer neuen Welt vorgestellt, als neue Menschen, denen das moderne Leben zur selbstverständlichen Existenzform geworden war. Und wenn es auch noch längst nicht das reine Glück ist, das diese Menschen in ihren neuen Wohnungen ausstrahlen, so lassen ihre Bilder dennoch eine große Zufriedenheit erkennen, ein grundsätzliches Einverständnis mit dem Dasein im Kollektivhaus.

Rührend wirkt es heute, die Tableaus in dieser Broschüre durchzublättern. Auf dem Sofa sitzt der Junggeselle, der Bewohner eines Ein-Zimmer-Appartements, er nimmt eine beinahe liegende Pose ein, und in der Hand hält er eine Balalaika: »Schon seit seinen Jahren auf der technischen Hochschule legt

Telefonarbetaren SVEN JOHAN SPÅNG
Hemsömmerskan EMMA SPÅNG

Årsinkomst: 5.000:— Årshyra: 1.300:—
Grundavg. 1.680:—

er, der eigentlich ein wenig phlegmatisch ist, Wert auf Gesel-
ligkeit, im Zeichen des Bridgespiels und des Grog-Glases, und
sein Talent als Maître de plaisir entfaltet er, wenn im Restaurant des Kollektivhauses ein Fest stattfindet, wo insbesondere
seine Seemannslieder lebhaft geschätzt werden.« Er ist der hei-
tere Kerl, der »good guy«, der fröhliche Unterhalter, ohne den
kein Hausfest gelingen kann. Und in Wohnung Nummer zwei,
ausgestattet mit zwei Zimmern, leben Sven Johan Spång, eigentlich Telefonarbeiter, nun aber vorwiegend gewerkschaft-
lich aktiv, und seine Frau, die Näherin Emma, mit ihren drei
Kindern. »Frau Emma findet, dass sie, wenn eine Frau aus der
Oberschicht das Recht hat, ihre Kinder einer eigenen privaten
Pflegerin zu übergeben, während sie beim Shopping ist oder
Cocktailparties besucht, ihrerseits wohl das moralische Recht
besitzen müsse, ihre Kleinen der Pflegerin in der hellen und

luftigen Kinderabteilung zu überlassen, wenn sie zu ihrer Arbeit geht.« So füllt sich Wohnung um Wohnung, Stockwerk um Stockwerk des Kollektivhauses mit Menschen, die zwar anscheinend dieselbe Haltung zum Leben und zur Arbeit teilen, die aber in ihrem Verhältnis zueinander ein ganzes Register der Lohnarbeit abbilden, vom schlichten Arbeiter bis zum leitenden Angestellten. Alle anderen bleiben unberücksichtigt, der Tagelöhner kommt dort ebenso wenig vor wie der freie Künstler oder der Unternehmer.

Ein jeder Mensch in diesem Haus erscheint wie eingeschlossen in seine ungemein praktische, unpersönliche und karge Welt. Die Gestalten sehen in ihren Wohnungen sonderbar verloren aus. Bedürfnislose Menschen, weil mit den Bedürfnissen immer auch zugleich ein Problem ihrer Interpretation entstanden wäre – und hier soll sich das Interpretieren möglichst erübrigen. Die Einrichtung des Hauses ist leicht und mobil, so als ob der Mann, die Frau, das Paar mit oder ohne Kinder schon am nächsten Tag wieder ihre Sachen packen und sich woanders niederlassen könnten. Was sie zusammenhält, ist nicht der Bau selbst, sondern seine Ideologie, der Glaube an das Kollektiv. Der Bewohner selbst fügt sich ihm, indem er nur geringe Ansprüche geltend macht. Die Innenwelt des Kollektivhauses ist asketisch, denn die Askese verspricht Freiheit gegenüber den eigenen Lebensverhältnissen. Alles, was nicht unbedingt notwendig ist, soll draußen bleiben. Die Flexibilität, die Leichtigkeit des Mobiliars sind daher nicht nur seiner Funktionalität geschuldet, sondern von vornherein auch Ausweis einer besonderen Fähigkeit ihres Besitzers, der Fähigkeit, sich immer wieder von neuem auf sich verändernde Umstände einzustellen. Diese Wohnungen und diese Einrichtungen sind das Gegenstück zum Ideal des Daheimseins, der Fülle, der Stabilität und der Geborgenheit, die das späte neunzehnte Jahrhundert in seinen reichen Interieurs kultivierte.

Das Spiel mit den Menschentypen kennt man natürlich heute noch besser. Die Werbung inszeniert sie exzessiv. Die Baugesellschaften glauben an sie – zum Beispiel, wenn sie »compact living« als zeitgemäßes Modell des Wohnens ausrufen oder wenn sie Fragen nach der Identität stellen: Welcher Typ sind Sie? Auch lebt ein großer Teil der Unterhaltungsindustrie von der Nachfrage nach solchen kategorisch inszenierten Verhaltensmustern. In der Frage nach dem Typ wird das Individuum einer bestimmten Abteilung der Gesellschaft zugeordnet. Diese wird ihm dann, soziologisch betrachtet, zur Identifikation angeboten.

Wenn uns die Gestalten, die Sven Markelius in seiner Broschüre auftreten lässt, heute als bloße Stereotypen, als unheimliche Repräsentanten einer leeren Welt erscheinen, dann liegt das daran, dass diesen Figuren offenbar ein Gedanke völlig fremd ist. Es ist der gewöhnlichste Gedanke der westlichen Moderne nach dem Zweiten Weltkrieg: die ebenso pathetische wie verzweifelte Hoffnung, das Wesentliche der eigenen Person in der Verfügung über ausgewählte Waren der industriellen Produktion auffinden zu können. Erst da, wo der Mensch tatsächlich nur noch als Masse auftritt, scheint ein wahrer Kultus der Originalität aufblühen zu können, der seine eigenen Voraussetzungen – die Prinzipien der industriellen Produktion – von vornherein mitberücksichtigt. Ein jeder Mensch wird in der heutigen westlichen Welt nach der echten oder auch nur vermeintlichen Exklusivität seiner Habseligkeiten gewürdigt. Der Bewohner des Kollektivhauses steht zwar am Beginn dieser Typologie, doch ist sie für ihn noch nicht deutlich in das Prinzip der Warenwirtschaft übersetzt worden.

Die Typologisierung der Kunden hat bei Ikea ihren festen Ort: die permanente Ausstellung, in der sich Wohnzimmer an Wohnzimmer reiht, Küche an Küche, Arbeitsecke an Arbeitsecke. Wer auf dem vorgeschriebenen Weg durch die Schau geht, immer wieder nach ein paar Metern im rechten Winkel abbiegend, bekommt ein Lebensmodell nach dem anderen vorgeführt: die Einrichtung der kleinen und die der großen Familie, das Meublement von alleinstehenden Menschen und das von kleinen Horden, das modische, junge Ambiente und den klassischen Stil der nordischen Moderne. Und stets bleibt bei diesem Angebot unklar, was es eigentlich ist: Soll der Mensch so werden, dass er in die Einrichtung passt, oder ist diese umgekehrt so zu verstehen, dass er bereits ein Typ ist und das Meublement für diesen Typus geschaffen wurde? Je länger man darüber nachdenkt, desto unheimlicher werden beide Varianten.

Hindernisse sind zum Überwinden da.
Von Boykotten, Qualitätssicherung und dem
universalen »Du«

Erzwungene Internationalisierung:
Die Produktion in Polen

Der Versandhandel für Möbel entwickelte sich – in Schweden wie in allen anderen industrialisierten Ländern des Westens – im Verlauf der fünfziger Jahre zu einem ernstzunehmenden Konkurrenten für den stationären Möbelhandel. Betrug der durchschnittliche Umsatz eines schwedischen Möbelhauses 1956 rund 370 000 Kronen, erwirtschaftete Ikea im selben Jahr das Dreißigfache. Und während der Möbelhandel nach Vorgabe des Zentralverbandes mit Margen zwischen 40 und 60 Prozent zu kalkulieren hatte, lagen die Margen bei Ikea mit 25 bis 30 Prozent deutlich darunter. Im Sommer 1958 widmete sich der Möbelverband in seinem Halbjahrestreffen der Konkurrenzsituation mit dem Versandhandel. Neben kaum ins Gewicht fallenden Lagerhaltungs- und der Einsparung von Servicekosten wurde dort vor allem die Verlagerung der Distributionskosten auf den Kunden thematisiert. Der Möbelverband hatte beobachtet, dass die Kunden in den meisten Fällen den Versand selbst übernahmen, mindestens jedoch die Transportkosten vom Bahnhof zu ihrer Wohnung. Zudem zahlten sie die Versicherungsabgabe und hatten sich selbst um das Auspacken und den Zusammenbau der Ware zu kümmern. Dadurch, so das Fazit, entwickelte sich der Versandhandel vollständig am regulären Möbelhandel vorbei.

Bereits im März desselben Jahres hatte sich der Schwedische Kaufmannsverband an William Burston gewandt, einen Manager der amerikanischen National Retail Merchants Association. Es galt, Informationen darüber zu gewinnen, wie der amerikanische Einzelhandelsverband mit dem Problem der »rabatt-affärer« (Discounter) umging. Zwar könne man mittlerweile erfolgreich den Markteintritt neuer Discounter verhindern, so Burston, doch würden die etablierten Geschäfte weiterhin schnell wachsen. Man solle die Fabrikanten auf jedes in den Rabatt-Geschäften verkaufte Produkt hinweisen und gegen diese Form der »illoyalen« Konkurrenz protestieren. Darüber hinaus solle man keine Produkte verkaufen, die auch von Discountern angeboten würden, und keine Reklamationen solcher Produkte mehr annehmen. Auch eine stärkere Differenzierung sei geboten, indem man entweder die Preise beibehalte und sich verstärkt auf den Service konzentriere, oder aber stärker auf den Export setze, während man den Service verringere und gegebenenfalls Selbstbedienung einführe.

Unterdessen wuchs Ikea schnell. Mit zunehmender Bekanntheit des Unternehmens war nicht nur die Auflage des Katalogs enorm gestiegen, auf über 500 000 Exemplare, sondern auch die Besucherzahl der 1953 in Älmhult eingerichteten Möbelausstellung. Der Großteil der Kunden reiste damals mit

Anzahl der gedruckten Ikea-Kataloge weltweit
—— in den Jahren 1951–2018 in Millionen Exemplaren ——

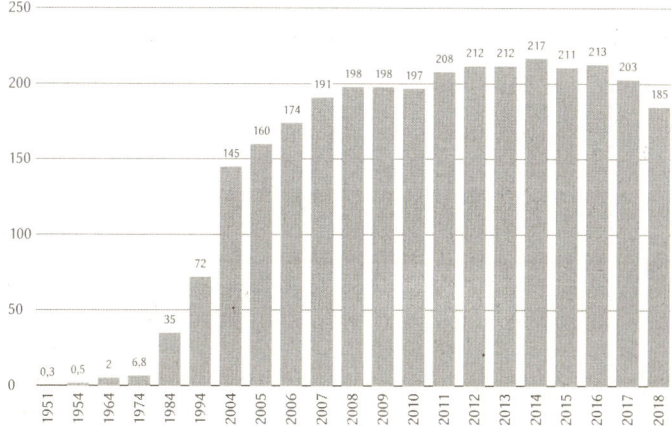

Quelle: https://de.statista.com/statistik/daten/studie/157668/umfrage/
anzahl-der-gedruckten-ikea-kataloge-pro-jahr-seit-1954/

dem Zug an – was nicht so schwierig war, weil dieser Ort, so klein er ist, an der Bahnstrecke Malmö-Stockholm liegt, der meistbefahrenen des ganzen Landes. Obwohl das Möbelhaus mit dem Ziel entstanden war, möglichst viele Waren durch den Kunden selbst nach Hause transportieren zu lassen, wünschten sich die Bahnreisenden nach wie vor den Versand durch das Unternehmen. Um die Anreise für diese Kundschaft dennoch erstrebenswert zu machen, hatte Ikea die Versandkosten gestaffelt. Ab einem Einkaufswert von 1500 Kronen versprach das Unternehmen, den Versand bis zum nächstgelegenen Bahnhof vollständig zu übernehmen. Hatte der Kunde weniger gekauft, zahlte er den Versand nur zum Teil.

Das Möbelhaus selbst unterschied sich grundlegend von anderen Einrichtungshäusern. Wies ein durchschnittliches Möbelunternehmen ein Verhältnis von knapp zwei Dritteln Verkaufsfläche zu gut einem Drittel Lagerfläche auf, verteilten sich bei Ikea lediglich gut zwanzig Prozent auf die Verkaufsfläche, während das Lager fast siebzig Prozent der Gesamtfläche beanspruchte. Auch wegen des bedeutenden Versandhandels war das Lager verhältnismäßig groß und nahm rund die fünfzigfache Lagerfläche eines vergleichbaren Unternehmens ein. Im ersten Möbelhaus beschäftigte Ikea noch Verkäufer, die den Kunden auf der Verkaufsfläche beraten sollten. Das »begehbare« Möbellager gab es in Älmhult noch nicht, weshalb man Lagerarbeiter brauchte. Das Pionierhaus war dennoch überaus erfolgreich. Denn hatte sich der traditionelle Möbelhandel häufig in teuren Innenstadtlagen und Ballungsräumen angesiedelt, war der Standort Älmhult, weil weit abgelegen, besonders kostengünstig. Niedrige Preise und die gestaffelten Versandkosten sorgten trotz der ungünstigen Lage für steigende Besucherzahlen. Die Erfahrung, dass diese Faktoren einen dezentralen Standort ausglichen, führte dazu, dass Ikea seine Möbelhäuser künftig außerhalb der Innenstädte, aber stets mit guter Verkehrsanbindung errichtete.

Auf die erfolgreiche Etablierung des stationären Handels von Ikea reagierten die Konkurrenten mit einer Ausweitung ihres Boykotts. Die Fabrikanten wurden immer häufiger vor die Wahl gestellt, die Lieferungen an Ikea einzustellen oder ihren gesamten Kundenstamm zu verlieren. Die unternehmensinternen Absatzprognosen waren weit übertroffen worden, wodurch sich die schädliche Wirkung des Boykotts noch verstärkte. Angesichts dieser Situation griff man zunehmend auf Lieferanten aus dem Ausland zurück. Bereits Ende der fünfziger Jahre war man dazu übergegangen, Möbel dänischer Fabrikanten in das Sortiment aufzunehmen. Ikea folgte hierbei einem Trend, der sich über den gesamten schwedischen Möbelhandel erstreckte. Die dänische Formgebung galt zu diesem Zeitpunkt als »Handwerk ganz neuer Art« und veranlasste schwedische Unternehmen dazu, Formgeber aus Dänemark einzustellen. Unter diesen Unternehmen war auch Ikea, das in seinem Katalog von 1957 mit einem »dänischen Originalmodell« warb, dessen alleiniges Vertriebsrecht man sich für den schwedischen Markt gesichert hatte. »Damit«, so heißt es im Katalog, »sind dänische Handwerksmöbel nicht länger einem kleinen Kreis vorbehalten, sondern für jeden erschwinglich, der ein Gespür für das Wertvolle der modernen Einrichtung hat.«

Doch auch mit Hilfe des nach Dänemark vergrößerten Lieferantennetzes konnte die steigende Nachfrage nach Ikea-Produkten nicht bedient werden. Für das Jahr 1961 sah Kamprad den Besuch mehrerer Länder vor, um sich einen Eindruck von den Produktionsmöglichkeiten im Ausland zu verschaffen. So zog man in Erwägung, einige Waren zukünftig in Jugoslawien produzieren zu lassen. Schon 1960 hatte Kamprad außerdem Kontakt zu einer Delegation des polnischen Außenhandelsministeriums aufgenommen, die sich an der Stockholmer Handelskammer um eine Zusammenarbeit mit schwedischen Unternehmen bemüht hatte.

Auf jene erste Kontaktaufnahme folgte eine Einladung zu Gesprächen mit Vertretern der polnischen Außenhandelsorganisation. Am 21. Januar 1961 traf Kamprad in Begleitung seines Vaters, des »Chefarchitekten« Bengt Ruda sowie des Einkaufsverantwortlichen Ragnar Sterte in Warschau ein. Kurz vor seiner Abreise hatte Kamprad seine Absichten notiert:

»Die Absicht unseres Besuches ist es, einerseits die Möglichkeit einer Zusammenarbeit zu erörtern, andererseits einige Fabriken zu besuchen, die für die Produktion unseres Sortiments geeignet sein könnten. Es ist notwendig, sich noch vor Ort dahingehend festzulegen, ob die Herstellungsmethoden aus unserem Blickwinkel akzeptabel sind. Es ist daher unser Anliegen, bereits dort den Kontakt zu einem Verantwortlichen für die polnische Möbelindustrie oder den Möbelexport aufzunehmen, so dass allgemeine Punkte wie das alleinige Verkaufsrecht polnischer Möbel auf dem schwedischen Markt besprochen werden können.«

Der Besuch mündete in eine Bestellung in Höhe von 500 000 schwedischen Kronen, verbunden mit der Versicherung des Alleinverkaufsrechts dieser Möbel auf dem schwedischen Markt bis zum Jahresende. Nach 1961 sollte die Möglichkeit einer längerfristigen Zusammenarbeit erneut diskutiert werden. Darüber hinaus wurde Kamprad und seinen Begleitern ein Einblick in drei polnische Fabriken gestattet. Der Entwicklungsstand der Produktionsstätten überraschte sie: »Die eine [Fabrik] ist eine sehr moderne Anlage mit ein paar hundert Angestellten, die sich der Herstellung kleinerer Serien moderner Tische, Schränke etc. widmet. Bei der zweiten handelt es sich um eine rationell ausgestattete Fabrik mittlerer Größe mit rund 350 Angestellten, die sich auf Serienproduktionen spezialisiert hat. Die dritte ist eine hypermoderne Anlage, die jedoch noch nicht fertiggestellt ist. Diese soll 2000 Mitarbeiter beschäftigen und sich auf die Serienproduktion von Schränken und Tischen geringerer Qualität konzentrieren.«

Der industrielle Entwicklungsstand der Produktion war dennoch, vor allem, wenn es um kleinere Unternehmen in Polen ging, gerade zu Beginn von Techniktransfer geprägt.

Maschinenteile, Werkzeuge und Schutzausrüstung wurden in die Fabriken geschmuggelt, um Komplikationen mit den polnischen Behörden zu vermeiden. Die in Polen vorherrschende Vorstellung von Qualität unterschied sich zudem deutlich von den Ansprüchen Ikeas. Man begann daher, die Zeichnungen der in Schweden entworfenen Möbel in die polnischen Fabriken zu bringen. Mit der Internationalisierung des Produzenten- und Lieferantennetzes begann so die Standardisierung der Zeichnungen, die von nun an konsequent weitergeführt wurde.

Für Ikea lag der Vorteil der Kooperation auf der Hand: Dank der niedrigen Lohnkosten waren die in Polen gefertigten Möbel häufig mehr als fünfzig Prozent günstiger als vergleichbare Produkte aus Schweden. Die polnischen Lieferanten wiederum profitierten vom technischen Fortschritt, den Ikea ihnen ermöglichte. Darüber hinaus stand die Unternehmensstrategie Ikeas im Einklang mit den planwirtschaftlichen Vorgaben Polens: War die Nachfrage anderer, marktwirtschaftlich orientierter Unternehmen stark saisonal bedingt, konnte Ikea aufgrund der frühzeitig auf Lagerhaltung ausgerichteten Infrastruktur eine konstante Nachfrage gewährleisten. Dennoch war die Kooperation mit Polen für Ikea zunächst ein Verlustgeschäft. Der teure Transport per Eisenbahn machte einen Großteil der Kostenvorteile zunichte – trotz der Verwendung flacher Pakete. Erst mit steigenden Skalenerträgen, die durch die Expansion Ikeas ermöglicht wurden, profitierte das Unternehmen vom Produktionsstandort Polen – und zwar in einem Maß und auf Wegen, die nicht vorauszusehen waren. Die Kooperation mit polnischen Lieferanten wurde zum Ausgangspunkt für die Internationalisierung des Unternehmens.

Ikea mochte immer erfolgreicher werden, auch international. Doch sah sich das Unternehmen im eigenen Land neben dem anhaltenden Boykott der Produzenten und Zulieferer auch mit dem Vorwurf mangelnder Qualität konfrontiert. Die Möbel, die in den fünfziger Jahren tatsächlich zuweilen mangelhaft waren und gelegentlich als »Kaminholz« bezeichnet wurden, galten nach wie vor als Einrichtung für die unteren Einkommensschichten. Aus diesem Grund hatte das Unternehmen bereits seit 1958 die noch heute bekannten Apparate in seinem Möbelhaus platziert, mit denen die Langlebigkeit der Produkte bewiesen werden sollte. So entstand etwa die beliebte große Box aus Plexiglas, in der ein hydraulischer Apparat dafür sorgte, dass mehrmals in der Minute ein breites Gewicht in den Sessel »Poem« gedrückt wurde, das Gesäß und den Rücken eines Nutzers imitierend, der sich unermüdlich niedersetzt. Ähnliche Konstruktionen gibt es für Sofas, Betten und Schubladen.

Als entscheidend für den Erfolg Ikeas erwies sich dann ein Test, den die Einrichtungszeitschrift *Allt i Hemmet* (etwa: ›Alles für das Zuhause‹) im September 1964 veröffentlichte. Unter der Fragestellung »Sind teure Möbel besser als günstige?« verglich die Zeitschrift die Qualität der Ikea-Möbel mit teureren Konkurrenzprodukten unter den Testbedingungen der Svenska Slöjdförening. Ein Ikea-Stuhl polnischer Herkunft für 33 Kronen erwies sich dem Stuhl eines Luxus-Möbelhändlers für 168 Kronen als qualitativ überlegen. Zudem zeigte man sich vom Aufwand, den Ikea zur Qualitätssicherung betrieb, beeindruckt: »Es gibt nicht einen von der Slöjdförening akzeptierten Möbelprüfungsapparat, den sie [Ikea] nicht angeschafft hätten.« Als Reaktion auf den Artikel drohten die etablierten Möbelhändler der Zeitschrift damit, ihre Anzeigen zu kündigen. Es gelang ihnen allerdings nicht mehr, die Wirkung des Artikels und des Testergebnisses aufzuhalten. Zeitungen und Nachrichtensendungen griffen das Thema auf und verbreiteten das Testergebnis in der Bevölkerung. Mit Hilfe der Zeitschrift *Allt i Hemmet* war so in den Augen vieler Schweden aus einem Möbelhaus, das Ramschware verkaufte, das Möbelhaus für den preis- und qualitätsbewussten Kunden jeder Gesellschaftsschicht geworden.

Andererseits sind die Preisunterschiede zwischen Ikea-Möbeln und den Angeboten anderer Händler oft so groß, dass die Frage nach der Qualität gar nicht wirklich gestellt wird: Eher, als dass aus ihnen eine dauerhafte Einrichtung entstünde, gelten sie als hinreichend beständige Konsumartikel, die taugen, solange man sich nichts Besseres leisten kann oder will, wofür man dann mangelhaft gestaltete Bohrlöcher, Steckverbindungen aus Kunststoff oder Spanplatten, die ohne eine stabilisierende Einlage aus Vollholz auskommen müssen, buchstäblich in Kauf nimmt. Deswegen überstand Ikea auch, ohne dass daraus nennenswerte Skandale entstanden wären, etliche mediale Aufregungen, die etwa der potenziell gesundheitsgefährdenden Wirkung von Chemikalien galten, welche bei der Herstellung von Ikea-Möbeln verwendet wurden, oder der Instabilität zum Beispiel einer Kommode, die umfallen konnte, wenn Kinder an ihr herumturnten – was in den Vereinigten Staaten immerhin drei Kinder das Leben kostete. Hinzu kommt, dass Ikea etliche Gegenstände im Angebot hat, Trinkgläser zum Beispiel oder Kleiderbügel, die kaum dem materiellen Verschleiß unterliegen.

Dem Eindruck des Billigen wirken ferner die Möbel oder Haushaltsgegenstände entgegen, die Ikea seit Mitte der neunziger Jahre entweder unter dem Signum »PS« (post scriptum, da sie jenseits der Standardkollektion vertrieben werden) oder unter dem Namen eines bekannten Designers anbietet. Zwar sind auch sie im Hinblick auf möglichst niedrige Produktionskosten gestaltet, jedoch scheint es dabei einen größeren Spielraum für etwas aufwendigere Konstruktionen zu geben, als das in der gewöhnlichen Herstellung der Fall wäre. Einige der betreffenden Möbel, etwa ein bunter, aus vier Sperrholzscheiben montierter Sessel, den der berühmte dänische Architekt Verner Panton Anfang der Neunziger für Ikea entworfen hatte, oder die Glaswaren der schwedischen Gestalterin Ingegerd Råman aus dem Jahr 2016, fanden sogar Eingang in den Antiquitätenmarkt für Designobjekte und sind in den skandinavischen Ländern manchmal sogar bei bekannten Auktionshäusern wie Bukowskis oder Bruun Rasmussen zu finden.

Was darf es sein?
Die Rationalisierung der Verkehrsformen

Bei Ikea werden deutsche Kunden seit dem Jahr 2005 geduzt – jedenfalls in den Katalogen. In Schweden ist das schon viel länger allgemeiner Brauch, weshalb denn auch die Idee vom universalen »Du« zu den festen Vorstellungen gehört, die man in Deutschland vom Nachbarn im Norden hat. In Schweden duzen alle Menschen einander, den König ausgenommen, so lautet die Übereinkunft, und manchmal ist es nicht einfach, sich unter den vielen Bengts und Margaretas, Pelles und Annas, Gustavs und Lottas zurechtzufinden. Doch würden sich diese Leute sehr wundern, spräche man sie mit »Ni« (»Sie«) und ihrem Nachnamen an. Warum diese Distanz, würden sie sich fragen, warum diese Ausnahme von den allgemeinen Umgangsformen? Wahrscheinlich würden sie die formelle Anrede sogar als Herabsetzung empfinden, denn das »Ni« ist im Schwedischen mittlerweile ein Ausdruck sozialer Ungleichheit.

Doch ist das universale »Du« nicht einfach ein Ergebnis fortgeschrittener Demokratisierung. Denn vor der »Du«-Reform, die Ende der sechziger Jahre durchgesetzt wurde, war das Ansprechen eines Menschen in Schweden eine vergleichsweise komplizierte Angelegenheit, bei der man gerne in unpersönliche Wendungen auswich. In einem Ladengeschäft hätte die einfache Frage »Was wünschen Sie?« vermutlich »vad får det lov att vara?« (›Was darf es sein?‹) oder »vad behagas?« (›Was wird gewünscht?‹) geheißen. Verbreitet war auch die Anrede in der dritten Person Singular. Dieser Situation bereitete das universale »Du« ein Ende.

Die »Du«-Reform hat einen offiziellen Helden. Er heißt Bror Rexrod und war »Generaldirektor« des schwedischen Zentralamts für Gesundheits- und Sozialwesen (›Socialstyrelsen‹). Er führte das »Du« als allgemeine Verkehrsform in seiner Behörde ein. Er war allerdings nicht der Pionier der entsprechenden Bewegung, ebenso wenig wie Olof Palme, der zwar beide Formen, das »Du« und das »Sie«, im Umgang mit seinen Mitarbeitern und anderen Politikern benutzte, aber gern deutlich werden ließ, dass er das »Du« vorzog. Bror Rexrods Reform hatte allerdings auch deshalb eine so große Bedeutung, weil der öffentliche Sektor des Landes in den siebziger Jahren enorm wuchs, mitsamt einer ebenso umfassenden wie ausgefeilten Bürokratie, die jeden Schweden in ein unmit-

Achtung: Urbane Legende!
Bei Ikea verschwinden Kinder?!

Eine Mutter besucht mit ihrem fünfjährigen Sohn die
Möbelausstellung von Ikea. Während sie eine Auskunft
erfragt, verschwindet das Kind spurlos, was für große
Aufregung sorgt. Man lässt die Ausgänge sperren und
durchkämmt systematisch den gesamten Laden. Nach einer
Viertelstunde wird der Junge gefunden: Auf der Toilette,
zitternd und verstört, mit teilweise abrasierten Haaren und
in einem anderen Anorak. Offensichtlich wurde er unter
Drogen gesetzt.

So oft, wie man diese Geschichte gehört hat, ist da am
Ende was Wahres dran? Nicht selten jedenfalls sehen sich

telbares Verhältnis zum Staat setzte (daher die außerhalb
Schwedens berüchtigte, innerhalb des Landes aber vor allem
praktische »Personennummer«). Das allgemeine »Du« ist mit-
hin auch Ausdruck einer fortgeschrittenen Egalisierung aller
Bürger.

Durchgesetzt wurde das »Du« indessen im Volk, genauer:
an den Tankstellen. Die Schweden, die sich in den fünfziger
und sechziger Jahren ein Auto kauften, bildeten eine neue
Bruderschaft, die sich dadurch bestätigte, dass alle, die Ange-
hörigen des Personals inbegriffen, einander duzten. Es gab
hier also keinen offiziellen Übergang vom »Sie« zum »Du«,
sondern eine Art Verzicht auf die Formalitäten. Kommunikati-
on sollte jetzt direkt und effizient sein. Das »Du« ist insofern
nicht unbedingt demokratisch, und es ist auch kein Fall einer
Einflussnahme des Englischen auf das Schwedische. Eher ist

Ikea-Geschäftsführer sowie Polizeidienststellen diesbezüglich mit besorgten Anrufen konfrontiert. Doch Entwarnung: Es handelt sich um eines von vielen nicht totzukriegenden modernen Märchen, auch Wander- oder Großstadtmärchen bzw. urbane Legenden genannt. Dinge wie diese werden gerne in geselliger Runde erzählt und sind stets dem Neffen des Freundes einer Freundin, vielleicht aber auch dessen Großnichte passiert. Würde man genauer nachforschen, ließe sich die Person, der das Ganze tatsächlich widerfahren ist, kaum verifizieren. An teils anderen Schauplätzen spielende Varianten der Ikea-Legende konnte ein US-amerikanischer Erzählforscher bereits in den 70er Jahren des 20. Jahrhunderts ausmachen. Erzählungen von der Urangst über das »verlorene Kind« sind jedoch noch viel älter.

dieses »Du« so etwas wie die Bestätigung einer Gemeinschaft: »Du und ich, wir gehören zwar zu verschiedenen Schichten der Gesellschaft, aber das müssen wir uns nicht anmerken lassen.« Deswegen ist das »Du« ein Ausdruck für das moderne Schweden, gewissermaßen als soziale Ökonomisierung: Man will sich die vermeintlichen Ornamente in den Verkehrsformen sparen.

Außerhalb Schwedens dürfte man solche Motive kaum wahrnehmen. Das allgemeine »Du« ist in der Vorstellung von Deutschen oder Italienern etwa vielmehr Ausdruck persönlicher Verbundenheit und aufgehobener Hierarchien. Es scheint zu einem Land zu gehören, in dem die führenden Politiker ohne Leibwächter in der Öffentlichkeit herumlaufen, in dem jedermann das Recht hat, sich frei in der Natur zu bewegen und dort auch zu übernachten, ohne Rücksicht auf Eigentumsverhältnisse, und in dem man selbst auf dem Finanzamt freund-lich empfangen wird, weil sich die Behörde als Dienstleis-tungsunternehmen versteht.

Zum allgemeinen »Du« gehört schließlich auch, dass alle Menschen eingeschlossen sind, die alten wie die jungen. Auch deswegen hat die Kinderbetreuung, die seit der Neueröffnung der Stockholmer Filiale an Kungens Kurva im Jahr 1971 zu je-dem Ikea-Warenhaus gehört, eine Bedeutung weit über die Betreuung des Nachwuchses während des Einkaufs-Spazier-gangs hinaus – und dass den Kindern dann tatsächlich etwas Besonderes geboten wird, nämlich ein Bällebad (›bollhav‹) in bunten Plastikkugeln, erscheint zugleich als ein Akt besonde-rer Rücksichtnahme und Großzügigkeit. Småland (ab 2002), der Name der schwedischen Provinz, in der Älmhult liegt, ist nicht nur ein Eigenname. Das Wort bedeutet auch etwa: »Klei-nes Land« oder eher, weil »små« eine Pluralform ist, »Land der Kleinen«.

Ikea verkauft Möbel – und darüber hinaus alle anderen Ge-genstände, die man zu einer kompletten Einrichtung braucht. Manchmal gibt es auch Fahrräder oder Fertighäuser bei Ikea zu kaufen, große Dinge, die sich nie fest im Angebot etablieren können. Dem Ideal des Vernünftigen, wie es die Gründerge-stalten des Volksheims formuliert hatten, blieb Ikea dabei treu. So sehr, dass das Unternehmen selbst die »Einkaufstätigkeit« nicht als solche erscheinen lassen will, sondern als Besuch bei der Familie inszeniert, auch wenn man dazu, vermutlich wie-derum aus Gründen der Vernunft, einen monströsen blauen Kasten in der städtischen Peripherie aufsuchen muss.

Bald sind wir überall?! Ikea expandiert

Nicht für die Reichen, sondern für die Klugen: Ikea in Stockholm

Spätestens mit Beginn der sechziger Jahre konzentrierte sich Ikea immer stärker auf den stationären Handel. Zwar galt man in Schweden in der öffentlichen Wahrnehmung noch immer als Versandhaus, doch besuchten immer mehr Menschen das Möbelhaus in Älmhult. Im Jahr 1962 kamen schon 200 000 Menschen dorthin, während der Katalog 1964 an 800 000 schwedische Haushalte verschickt wurde. Ikea hatte sich unterdessen an die steigende Mobilität seiner Kunden angepasst. Nachdem 1960 das Restaurant eingeweiht worden war, errichtete man neben dem Möbelhaus ein eigenes Motel mit Pool nach amerikanischem Vorbild. Um der motorisierten Kundschaft entgegenzukommen und den Eigentransport der Möbel weiter voranzutreiben, bot man zudem Dachgepäckträger zum Selbstkostenpreis an. An die Stelle der Gepäckträger traten bald auch Anhänger, so wie man sie auch heute in vielen Ländern noch in Ikea-Häusern mieten kann.

Noch bevor 1963 das Möbelhaus in Oslo eröffnet wurde, hatte es Pläne einer schwedischen Markterschließung gegeben, die mit den drei großen Ballungsräumen Stockholm, Göteborg und Malmö beginnen sollte und 1965 auch tatsächlich in Stockholm ihren Ausgang nahm. Die Standortwahl in Stockholm orientierte sich an den Erfahrungen, die man in Älmhult und Oslo gemacht hatte. Um die Fixkosten so niedrig wie möglich zu halten, siedelte man sich auch in der Hauptstadt in einem Randbezirk an. Eine ähnliche Strategie verfolgten Warenhäuser in Westdeutschland seit der Mitte der sechziger Jahre. Häufig zog Ikea auf die »grüne Wiese«, also in Vororte oder Gewerbegebiete, die sowohl günstige Mietpreise als auch eine bereits gut ausgebaute Infrastruktur boten. Das Stockholmer Ikea-Haus war fast siebenmal größer als das Pionierhaus. Anders als andere Möbelhändler blieb die Stockholmer Ikea-Filiale bis 19 Uhr geöffnet und ermöglichte so den Einkauf nach Büroschluss. Zudem bot man kostenlose Parkplätze an, um die Anreise der Kunden so bequem wie möglich zu gestalten.

Um die Mitte der sechziger Jahre erfuhr die Nachfrage nach Möbeln in Schweden erneut einen Aufschwung. Im Jahr 1965 hatte die schwedische Regierung nämlich das sogenannte »miljonprogram« (»Millionenprogramm«) ins Leben gerufen. In Hinblick auf das Bevölkerungswachstum sah dieses Programm für die folgenden zehn Jahre den Bau einer Million neuer Wohnungen vor. So entstanden vor allem in Stockholm neue Vororte, von denen auch Ikea profitierte – in unmittelbarer Nähe der Stockholmer Filiale wurden rund 100 000 neue Wohnungen gebaut. Sie sollten vor allem der neuen Mittelschicht zugutekommen, die Ikea mit dem Werbeslogan »inte för de rika men för de kloka« (»nicht für die Reichen, sondern für die Klugen«) anzusprechen versuchte (ein Slogan, der 2003 in den USA seine Wiederverwendung fand als »You don't have to be rich. Just smart«).

Angesichts der unerwartet vielen Kunden im Stockholmer Möbelhaus – am ersten Tag waren es fast 18 000 Menschen – ging das Unternehmen bereits im Jahr der Eröffnung dazu über, in einzelnen Abteilungen das Selbstbedienungsprinzip einzuführen, zuerst bei den Lampen. Da es sich dort bewährte, wurde es zunächst für die anderen Abteilungen, später für alle Ikea-Filialen übernommen. Das Prinzip hatte sich der Lebensmittelmarkt Piggly Wiggly bereits 1917 in den USA patentieren lassen, doch eröffneten die ersten schwedischen Selbstbedienungsgeschäfte erst in den vierziger Jahren. Und bis in die sechziger Jahre hinein war die Selbstbedienung in Schweden wenig verbreitet.

Noch für eine weitere Innovation zeichnete die Stockholmer Ikea-Filiale verantwortlich. Kamprad hatte bemerkt, dass viele Einwohner das Möbelhaus als ein Ausflugsziel mit gutem und preiswertem Essen betrachteten. Junge Familien wurden bereits früh als Zielgruppe ausgemacht. Diese Besucher kauften keine Möbel, weshalb kurzfristig sogar ein Eintrittsgeld in Erwägung gezogen wurde. Stattdessen entwickelte die Abteilungsleiterin Inga Lisa Lövén für solche Kunden die Abteilung »Accenten«. Sie ist die letzte vor den Kassen und beherbergt günstige Kleinigkeiten, die noch schnell mitgenommen werden können, mehr oder minder nützliche, zumindest scheinbar notwendige Gegenstände wie Kerzen, Servietten oder die oben genannten Kleiderbügel, die so wenig kosten, dass sie in der Summe der gekauften Gegenstände kaum ins Gewicht fallen.

Spätestens mit dem Erfolg des Stockholmer Möbelhauses setzte eine strukturelle Rationalisierung der schwedischen

Möbelindustrie ein. Die großen Fabriken, die sich jahrzehntelang gegen Ikea gewehrt hatten, sahen sich nunmehr in ihrer Existenz bedroht. Der schnelle Erfolg Ikeas hatte zum Ruin vieler Möbelhändler geführt und zugleich Umsatzeinbrüche bei deren Lieferanten verursacht. Die verbleibenden Optionen der Lieferanten bestanden darin, Ikea entweder selbst zu beliefern, durch Spezialisierung auf eine Produktgattung zu überleben oder die eigenen Möbel als Marke zu vertreiben. Gab es zu Beginn der Unternehmensgeschichte Ikeas noch über tausend Schreinereien in Schweden, hatte sich deren Anzahl mittlerweile halbiert.

Im Jahr 1969 hatte sich das Lieferantennetz von Ikea vollständig gewandelt. Der Boykott der schwedischen Lieferanten war nicht mehr aufrechtzuerhalten, was zu sinkenden Produktionskosten führte, wodurch der Produktionsstandort Polen an Bedeutung verlor. Rund siebzig Prozent der Möbel wurden nunmehr in Schweden hergestellt, nur ein Viertel bezog man aus Polen und anderen, vor allem osteuropäischen, Ländern. Im Vergleich zu seinen Konkurrenten, deren Marge bei durchschnittlich 45,5 Prozent lag (und somit schon deutlich geringer ausfiel als in den fünfziger Jahren), kalkulierte Ikea noch immer mit Margen unter 30 Prozent. Man gewährte keine Ratenzahlung, wodurch die Servicekosten im Vergleich mit den Wettbewerbern noch weiter gesenkt werden konnten. Zudem hatte man Verträge mit freien Transportunternehmen geschlossen, um den Kunden den Heimtransport zu erleichtern. Seit 1972 bot Ikea überdies die Vermietung von geräumigen Autos und Anhängern an. Noch im selben Jahr eröffnete das Möbelhaus in Göteborg, wo man die Erfahrungen mit den bisher errichteten Filialen produktiv einbrachte: Es wurde das erste Ikea-Möbelhaus mit einem begehbaren Lager.

Krise in der Bevölkerungsfrage:
Echte und falsche Bedürfnisse

Gunnar und Alva Myrdal hatten einen sehr genauen Begriff von einer luxuriösen Lebensweise. Sie galt ihnen als Inbegriff von Feindschaft gegenüber Fortschritt, Gemeinschaft und Staat. Auch in ihrer Programmschrift *Kris i befolkningsfrågan* werden die vermeintlichen Egoisten aus Mittelschicht und Oberklasse streng gerügt. Darin ist die Rede von Menschen, die auf Kinder nur deshalb verzichteten, »um ihre reichlich künstlichen Bedürfnisse nach Cocktails, Automobilen, Schoßhunden und anderen Genüssen zu befriedigen«. Tatsächlich aber trifft dieses polemische Verdikt weitaus mehr Menschen als nur die Reichen und Gutverdienenden. Der Angriff richtet sich auch gegen eine nicht zuletzt durch das Künstlertum des 19. Jahrhunderts geprägte Gestaltung des Lebens, die dem 20. Jahrhundert von nun an als reine Selbstverliebtheit und Verschwendungssucht erscheinen soll. Dagegen wird die Behauptung ins Feld geführt, es gebe so etwas wie einen reinen, vernünftigen Zweck, und wenn dieser einmal erreicht sei, falle das moralisch Notwendige mit dem sachlich Angemessenen endlich zusammen.

Die Verbindung zwischen dem moralisch Notwendigen und dem sachlich Angemessenen hat einen Namen: Er lautet »Gemeinschaft«. Der Glaube an die Gemeinschaft war in der jüngeren Vergangenheit aller Gesellschaften des Westens nie so stark gewesen wie in den dreißiger Jahren – oder soll man sagen: die Hoffnung auf eine Gemeinschaft? Nicht nur Deutschland und Österreich, sondern alle großen europäischen Länder hatten den Ersten Weltkrieg verloren; der Kapitalismus schien seit der Wirtschaftskrise seinem Bankrott entgegenzugehen; in der Sowjetunion unter Stalin artete der Kommunismus zu einer ebenso mächtigen wie bösen Veranstaltung aus. Wie sollte man darauf reagieren? Mit einer Rückbesinnung auf die solidarische Gruppe angesichts einer ebenso bedrohlichen wie diffusen und vielgestaltigen Situation. Auch *Kris i befolkningsfrågan* handelt von einer solchen Bedrohung – und es ist zugleich die Beschwörung eines Ideals von Gemeinschaft.

Die Bohème, ja auch die gewöhnlichen Intellektuellen hielten es in dieser verordneten Reinheit allerdings nicht lange aus. Spätestens in den Jahren nach dem Zweiten Weltkrieg nahm das Bedürfnis nach Luxus wieder überhand. Und damit nicht genug: Bald wurde die Möglichkeit, allein über etwas verfügen zu können, was andere teilen müssen, ein Haus, einen Garten, eine Freizügigkeit gestattende Wohnung, wieder zum entscheidenden Merkmal der sozialen Distinktion. Überhaupt dauerte es nicht lange, bis gerade die intellektuelle Elite nicht mehr von Effizienz und Rationalität träumte, sondern von langen, gastlichen Tischen, an denen Menschen an lauen Abenden gemeinsam sitzen, Käse und Oliven essen, kühlen Wein trinken und sich unterhalten, in einem offenen, nicht durch Wände und Mauern begrenzten Raum. Denn was geschieht noch jedes Mal mit der Tugend, die von sich glaubt, der Welt den rechten Weg zeigen zu können? Sie beansprucht eine Wahrheit, die sich doch erst erweisen müsste. Und dann kommt es sowieso ganz anders.

Zu den erstaunlichen Errungenschaften von Ikea in Fragen des Stils gehört es, den Funktionalismus der zwanziger und dreißiger Jahre, der ja für ein neues, kollektives Wohnen konzipiert war, auf die Gegenwart übertragen zu haben, ohne dass es dabei zu Widersprüchen gekommen wäre, vor allem gegenüber der Kleinfamilie, die sich heute wohl in allen Teilen der Welt als das vorherrschende Modell des Zusammenlebens durchgesetzt hat. Anders herum: Ein (heute nicht mehr produzierter) Tisch wie das Modell Stabil, ein schweres, grobschlächtig einfaches Ding aus Fichtenholz, macht sich nach wie vor hervorragend als Versammlungsort für Freunde und Familie, wobei die Kerben, die kleine Kinder mit ihren Löffeln in das weiche Holz geschlagen haben, eine Geschichte erzählen, beinahe so, wie es bei älteren, vererbten Möbeln der Fall war. Luxus aber, im eigentlichen Sinn des Wortes als repräsentative Verschwendung, wird von Ikea scheinbar nicht vertrieben. Überflüssiges mag es zuhauf geben, Dinge, die gekauft werden, weil sie vielleicht einen vagen Nutzen versprechen, der sich später als Illusion erweist – oder weil sie das Dekor eines harmonischen Zusammenspiels mit der Umwelt zu bilden scheinen, in Gestalt von Vasen etwa, von Plakaten oder Teppichen. Gekauft werden diese Gegenstände auch deshalb, weil sie, jeweils für sich betrachtet, kaum etwas zu kosten scheinen. Und so könnte es schließlich sein, dass, eben weil die Haltbarkeit dieser Möbel eher begrenzt ist, der scheinbar verabschiedete Luxus durch die Hintertür wiederkehrt: in Gestalt einer in allen Facetten ausgestalteten Einrichtung auf Zeit.

Was Herr Bünzli zu sagen hat: Das Unternehmen zieht nach Süden

Ingvar Kamprad und sein Finanzvorstand Allan Cronvall hatten sich noch Ende der sechziger Jahre darauf geeinigt, Ikea nur auf dem skandinavischen Markt zu etablieren. Die Entscheidung entsprach der konservativen Investitionspolitik des Unternehmens, die eine Aufnahme von Fremdkapital nur in Notfällen erlaubte. Andere Mitarbeiter im Unternehmen erkannten indessen in der Expansion Ikeas eine Möglichkeit, die Einkaufspreise weiter drücken zu können – und überzeugten damit Ingvar Kamprad. Der war mittlerweile fast fünfzig Jahre alt und hatte zu Beginn der siebziger Jahre eine Riege junger Führungskräfte um sich versammelt, die mit der Expansion betraut wurde. Das Unternehmen, das inzwischen tausend Mitarbeiter beschäftigte, war für Kamprad allein nicht länger zu kontrollieren.

Da ohnehin ein Großteil der Exporte Ikeas nach Dänemark gegangen war, entschloss sich das Unternehmen zu Beginn der sechziger Jahre zur Veröffentlichung eines dänischen Katalogs. Neben der Ausweitung des Exportgeschäfts wurde nun die Expansion der Möbelhäuser in Skandinavien in Betracht gezogen. Kamprad hatte bereits 1960 eine Standortanalyse des Kopenhagener Ballungsraums in Auftrag gegeben. Im Jahr 1961 kaufte er in Kopenhagen ein Grundstück. Zudem war der Markenname zwischen 1960 und 1961 in ganz Skandinavien geschützt worden. Doch nicht in Kopenhagen sollte im Jahr 1963 das erste Möbelhaus außerhalb Schwedens entstehen, sondern im benachbarten Norwegen: Mit dem Haus in der Peripherie von Oslo eröffnete Ikea seine zweite Niederlassung überhaupt, lange bevor der schwedische Markt annähernd erschlossen worden war.

Seit 1958 hatte Kamprad mit einem norwegischen Berater in Kontakt gestanden, mit dessen Hilfe eine mögliche Expansion untersucht werden sollte. Angesichts norwegisch-schwedischer Schutzzölle, die einen Export in Schweden produzierter Möbel nach Norwegen unwirtschaftlich machten, hatte man

Ikea-Einrichtungshaus in Abu Dhabi

zunächst die Ausweitung des Lieferantennetzes auf das Nachbarland in Betracht gezogen. Nachdem Kamprad sich in Begleitung einiger Formgeber selbst ein Bild der dortigen Fabriken gemacht und diese für ungeeignet erachtet hatte, nahm er nicht nur von den norwegischen Produzenten Abstand, sondern vorerst auch von der Idee einer Expansion nach Norwegen. Dass diese dennoch gelingen konnte, war der Kooperation mit den polnischen Lieferanten zu verdanken. Mit ihrer Hilfe war Ikea in der Lage, die norwegischen Schutzzölle zu umgehen und den Weg für ein norwegisches Möbelhaus zu ebnen.

Ikea war bei seinem Markteintritt in Norwegen dort noch relativ unbekannt und wurde in der Öffentlichkeit kaum wahrgenommen. Konnte die Nachfrage im eigenen Land noch wenige Jahre zuvor nicht gedeckt werden, ermöglichte die Kooperation mit den polnischen Produzenten nun auch ein kleines Exportgeschäft. Neben dem zusätzlichen Absatzmarkt hatte das Unternehmen darin einen weiteren Nutzen erkannt. Mit Hilfe des Exports konnte in den jeweiligen Ländern eine Unternehmensaktivität gezeigt werden, die eine eventuelle spätere Unternehmensgründung vor Ort erleichtern sollte. Zwar entfiel auf den Export nur etwas mehr als ein Prozent des Gesamtumsatzes des Jahres 1968, doch lieferte man Möbel mittlerweile auch in weit entfernte Länder wie Südafrika, Peru, Brasilien oder Italien. Unter den fünfzehn Ländern mit den höchsten Importanteilen befand sich auch Liberia. Dort war zu Beginn der sechziger Jahre das Bergbauunternehmen The Liberian American Swedish Minerals Company (LAMCO) gegründet worden, das seine Gebäude mit Möbeln von Ikea ausgestattet hatte.

In den frühen siebziger Jahren war Ikea jedoch wiederum so stark gewachsen, dass zum ersten Mal eine Filiale außerhalb des Nordens gegründet wurde – und zwar in Spreitenbach, knapp zwanzig Kilometer außerhalb Zürichs gelegen. Die Schweiz galt als Härtetest für das Unternehmen, als schwierigster Markt in Europa, wie Ikea-interne Mythen besagen. Sollte es möglich sein, dieser konservativen und multilingualen Bevölkerung günstige Möbel zu verkaufen, könne man es überall schaffen – so die Vermutung. Zudem erschien ein kleiner Markt weniger riskant. Doch auch aus ökonomischen Gründen bot sich der Standort an: Die Schweiz war wie Schweden Gründungsmitglied der 1960 ins Leben gerufenen Europäischen Freihandelsassoziation EFTA, weshalb schwedische Exporte in die Schweiz kaum Handelsbeschränkungen unterlagen.

Köttbullar mit Preiselbeerkompott, Erbsen und Kartoffelpüree.
Hier als »Exponat« im IKEA Museum, Älmhult

Ikea war in der Lage, den Schweizern eine dem skandinavischen Markt sehr ähnliche Preisgestaltung anzubieten. Dennoch stellte sich die Expansion als problematisch heraus. Größere Kapitalausfuhren mussten von der schwedischen Reichsbank genehmigt und Gewinne so lange an die schwedische Muttergesellschaft zurückgezahlt werden, bis die ausgeführte Summe wieder vollständig nach Schweden zurückgeflossen war. Die Reichsbank genehmigte Kamprad lediglich eine Ausfuhr von fünf Millionen Kronen, also von rund einem Prozent des Jahresumsatzes – zu wenig, um den neuen Markt auch nur ansatzweise erschließen zu können. Ikea, das seine Geschäfte bis zu diesem Zeitpunkt ausschließlich mit Eigenkapital finanziert hatte, wurde zu einer Kreditaufnahme gezwungen.

Und es gab noch eine Premiere: Ikeas Werbekampagne für die Schweiz vermarktete erstmals das »Schwedische« als Charakteristikum des Unternehmens. Im Restaurant verkaufte man schwedische und småländische Spezialitäten, »köttbullar« vor allem, Fleischbällchen mit Preiselbeerkompott. Darüber hinaus spielte die eigene provinzielle Herkunft eine wichtige Rolle für die Imagebildung eines kundenfreundlichen und innovativen Unternehmens – Eigenschaften, die von Ikea als typisch schwedisch dargestellt wurden. Als Werbeformat wählte man in der Schweiz ironische Zeitungsannoncen, in denen sich der konservative »Herr Bünzli« in Briefen an das Unternehmen wandte, um seinen »Unmut« über dessen Verkaufspraktiken zu äußern: »Ich will mich da ja nicht einmischen, aber wenn ihr Ikea-Leute meint, Ihr könnt einfach kommen, ein schwedisches Möbelhaus aufmachen und mit so neumodigen Verkaufspraktiken die halbe Schweiz auf den Kopf schtellen, dann werdet auch Ihr bald Kopf schtehen. Wartet nur.[…] Ich persönlich finde Eure modernen Verkaufsmethoden und die Ware zwar einsame Spitze. Aber ich bin ja auch kein typischer Schweizer. Sondern einer, der es gut mit Euch meint.«

Die Werbetexte sollten folglich junge, moderne Kunden ansprechen. Sie wurden zudem bewusst auf Schweizerdeutsch verfasst, um Nähe aufzubauen. In den sechs geschalteten Anzeigen ging man ferner auf die Eigenschaften des Unternehmens ein: So wurden Verkaufsmethode, Eigentransport, Selbstmontage, Design, Status und Qualität thematisiert. Die

Kampagne wurde von der Schweizer Version des Katalogs begleitet, der in einer Auflage von 500 000 Stück an die Haushalte in Zürich und Umgebung verschickt wurde. 650 000 Menschen besuchten das Möbelhaus im Eröffnungsjahr.

Kreative Problemlösungen und ein Vermächtnis

Liechtenstein ist ein Städtchen in den Alpen: Ikea und die Steuern

Noch aus einem anderen Grund wurde die Schweiz zentral für Ikea: Kamprad hatte sich schon in der Frühzeit seines Unternehmens wiederholt über wachsende Erbschafts- und Vermögenssteuern in Schweden geäußert, die es beim Tod des Gründers zwei Drittel des Kapitals gekostet hätten. Zudem war die Besteuerung für Kleinunternehmen, zu denen Ikea in jener Zeit noch gezählt wurde, deutlich angehoben worden. Die hohen Steuerbelastungen hätten folglich die Expansion der Firma, die noch immer zu 100 Prozent Kamprad gehörte, stark verlangsamt – das Unternehmen vermutlich sogar substantiell bedroht. Außerdem hatten die strengen Einschränkungen der schwedischen Reichsbank bezüglich der Kapitalausfuhr weitere Expansionen stark erschwert. Aus diesen Gründen verlagerte Kamprad 1973 sowohl seinen Wohn- als auch den Unternehmenssitz nach Dänemark. Zwar waren die dänischen Steuerbelastungen ähnlich hoch wie die schwedischen, doch wurden sie erst nach vierjährigem Aufenthalt

82

vollständig wirksam. So siedelten Kamprad, seine Frau und seine drei Söhne Ende der siebziger Jahre in die französische Schweiz um; der Unternehmenssitz verblieb bis 1982 in Dänemark.

Mit dem Ziel, das Unternehmen so unabhängig wie möglich von nationalen Rechtsprechungen zu machen, gründete man darüber hinaus eine Stiftung in der Schweiz sowie zahlreiche Tochtergesellschaften in verschiedenen Ländern. Bereits in den siebziger Jahren begann Ikea folglich damit, die Struktur des Unternehmens einer »Steueroptimierung« zu unterziehen, die heute in einem bisweilen undurchsichtigen Konstrukt aufgegangen ist. So kommt es, dass das schwedischste aller schwedischen Unternehmen seit 1982 einer niederländischen Stiftung gehört. Zudem existieren weitere Stiftungen und Dachgesellschaften in Liechtenstein und Luxemburg. Vor dem Hintergrund der in der Schweiz begonnenen Expansionswelle ging Ikea seit den achtziger Jahren dazu über, seine Filialen nicht länger selbst zu unterhalten, sondern über Franchise-Verträge an lokale Unternehmer oder Unternehmensgruppen zu lizensieren. Die Lizenzen umfassen dabei vor allem das »geistige Eigentum« des Unternehmens, also alles von der Corporate Identity bis hin zur heute hochrentablen Restaurantkette. Der mit Abstand bedeutendste Franchisenehmer ist Ikea selbst, das 2018 Lizenzen für 367 Geschäfte hielt. Das eigentliche Unternehmen Ikea, das Kamprad 1943 gegründet hatte, existiert heute als »IKEA of Sweden A. B.« innerhalb der luxemburgischen »Inter IKEA Holding«, die wiederum einer in Liechtenstein registrierten Stiftung untersteht. In Hinblick auf ihr Vermögen galten die von Ikea betriebenen Stiftungen offiziell bis in die frühen Jahre des 21. Jahrhunderts als größte gemeinnützige Stiftungen der Welt.

Kamprad selbst zog 2014 nach Schweden zurück, und zwar in seine ursprüngliche Heimat. Nicht weit von Älmhult, auf einem ehemaligen Hof an einem See mitten in Wäldern, verbrachte er seine letzten Jahre. Im Zuge seiner Rückkehr diskutierte die schwedische Öffentlichkeit die Frage, wie viel Steuern der gewiefte Unternehmer in seinem Heimatland wohl werde zahlen müssen. Für das Jahr 2015 schließlich gab Kamprad ein Einkommen von 17,7 Millionen Kronen (etwa 2 Millionen Euro) an und zahlte Steuern in Höhe von knapp 600 000 Euro. Sein Vermögen schätzte die amerikanische Zeitschrift Forbes für dasselbe Jahr auf 3,5 Milliarden Dollar. Kamprads Kreativität hatte ihm beim Aufbau seines Unternehmens dabei geholfen, die bestehenden Strukturen des schwedischen Möbelhandels geschickt und gewinnbringend zu umgehen. Ähnlich kreative Ansätze zeigte der Gründer, wenn es darum ging, das Kapital im Unternehmen zu halten. Kamprad, so überliefert es heute die Webseite von Ikea, wünschte sich für seine Firma völlige Unabhängigkeit, weshalb er einen Börsengang ausschloss, der nicht zuletzt aufgrund der komplizierten Unternehmensstruktur auch nach seinem Tod unwahrscheinlich ist.

Ein billiges Versprechen: Das Testament eines Möbelhändlers

Im Dezember 1976 verfasste Ingvar Kamprad einen wenige Seiten langen Aufsatz über die, wie er selbst schrieb, »Philosophie« seines Unternehmens. In *En möbelhandlares testamente* (›Testament eines Möbelhändlers‹) hielt der damals fünfzigjährige Kamprad neun Punkte fest, die die Sortiments- und

Preisgestaltung des Unternehmens bestimmen sollten. In der Einleitung wird deutlich, dass Ikea für Kamprad nicht einfach nur ein Unternehmen war, sondern vielmehr ein Medium, um die Welt gerechter zu machen. Der Bogen wird dabei weit gespannt. Kamprad spricht die ungleiche Ressourcenverteilung an, die nur einen kleinen Teil der Menschheit begünstige. Ikea sieht er dabei als Teil einer Demokratisierung, die allen Menschen dienen solle, die über sehr begrenzte Ressourcen verfügen. Es sei die Verantwortung des Unternehmens, diesen Prozess nicht nur auf dem schwedischen Markt voranzutreiben, sondern in die Welt hinauszutragen. Die Expansion sei folglich Pflicht, so Kamprad. Zwar benennt er auch ökonomische Gründe für die Internationalisierung des Geschäfts, doch spielen diese eine untergeordnete Rolle. Das Ziel sei es, einen besseren Alltag für »de många människorna«, also »die vielen Menschen« (in Abgrenzung zur ressourcenbesitzenden Oberschicht) zu schaffen.

In den weiteren Kapiteln geht Kamprad auf die wichtigsten Grundpfeiler seines Unternehmens ein. Zunächst das Sortiment: Dieses solle aus einem Basissortiment bestehen, das in Skandinavien als »typisch Ikea« wahrgenommen wird, außerhalb Skandinaviens hingegen als »typisch schwedisch«. Die Preisgestaltung solle sich am Interesse des Kunden ausrichten, darunter dürfe die Qualität der Produkte jedoch nicht leiden. Es solle kein Ramsch produziert werden, sondern »lågpris med mening« (so viel wie: ›Niedrigpreise mit Sinn‹). Denn ohne niedrige Preise, so Kamprad, würde das Unternehmen niemals seinen Auftrag erfüllen können, »den vielen Menschen« zu dienen. Das von Kamprad ausgegebene Credo der Kosteneffizienz geht so weit, dass Verschwendung von Ressourcen als »Todsünde bei Ikea« beschrieben wird, als »eine der größten

Krankheiten der Menschheit«. Viele moderne Bauten seien mehr Monumente menschlicher Dummheit als rationale Lösungen menschlicher Bedürfnisse.

Kamprad bricht diesen Verschwendungsgedanken ebenfalls auf die Ebene des menschlichen Alltags herunter. So sei das ständige Rechthaben um des Rechthabens willen pure Zeitverschwendung, ebenso wie das Sortieren von Papierkram, den man niemals wieder benötigen werde. Wenn der Mensch jedoch seine Ressourcen so nutze, wie Ikea es tue, dann könne er mit geringen Mitteln gute Ergebnisse erzielen. Die Philosophie des Unternehmens wird zu einer Lebenseinstellung, Ikea zum Vorbild in allen Lebensfragen, denn: »Keine Methode ist effektiver als die des Vorbildes«, so Kamprad.

In der Wahrnehmung Kamprads ist auch der Staat Vergeuder von Ressourcen und Arbeitskraft. Übermäßige Planung und Bürokratie bedeuteten oft das Todesurteil für ein Unternehmen, meint er. In dem von Staffan Bengtsson verfassten Werk *IKEA the book* erinnert sich ein früherer Mitarbeiter des Unternehmens daran, dass in den sechziger Jahren in den Ikea-Filialen Poster von Che Guevara hingen. Sie waren dort nicht als Symbole einer marxistischen Weltanschauung ausgestellt, sondern aus zwei anderen Gründen: zum einen als Zeichen des Aufbruchs in eine neue Welt, zum anderen, weil das funktionale Design mit dem Anspruch einer genuinen Volksbewegung auftrat. Auch die Auswanderung und spätere Steueroptimierung des Unternehmens erscheinen in einem neuen Licht. Für Kamprad waren solche Strategien offenbar die einzige Möglichkeit gewesen, nicht nur die Autonomie seines Unternehmens zu erhalten, sondern die Ressourcenverteilung an »die vielen Menschen« selbst in der Hand zu behalten.

Das Testament ist auch heute noch Grundlage der Unternehmenskultur Ikeas, selbst die Jahresberichte des Unternehmens folgen der Prämisse »Helping the many people create a better everyday life at home« – »den vielen Menschen helfen, den Alltag in ihrem Zuhause besser zu gestalten«.

1x

Die Globalisierung des Unternehmens
und ihr Preis

Mehr Geschmack als Geld: Ikea zieht nach Deutschland

Bereits ein Jahr nach Eröffnung der Schweizer Filiale expandierte »das unmögliche Möbelhaus aus Schweden«, wie es sich in der Schweiz nannte, nach Deutschland. Obwohl ursprünglich für Hamburg vorgesehen, eröffnete die erste deutsche Filiale im Oktober 1974 in München. In der Münchner Vorstadt Eching hatte ein Landwirt ein Grundstück in unmittelbarer Nähe der Autobahn verkaufen wollen – ein prädestinierter Ikea-Standort.

Deutschland war bereits früh Ziel der Expansionsstrategie Ikeas gewesen. Der deutsche Möbelmarkt, sieben- bis achtmal größer als der schwedische, galt als der wichtigste Europas. Bereits vor dem Markteintritt Ikeas hatten sich in Deutschland allerdings Möbelhausketten wie Musterring, Europa Möbel oder Regent Möbel etabliert. Dies stellte eine deutlich höhere Markteintrittsbarriere als in anderen Ländern dar.

Ikea, ein Unternehmen, das zum Zeitpunkt des Markteintritts in Deutschland – wie schon in der Schweiz – kaum bekannt war, orientierte sich in seiner Marketing-Strategie stark an den Erfahrungen mit dem Schweizer Markt. Man hielt am »unmöglichen Möbelhaus« fest, doch musste »Herr Bünzli« einem lachenden Elch als Maskottchen weichen. Hierbei griff man ein öffentliches Bild Schwedens auf, das darüber hinaus mit der Schwerpunktsetzung auf Möbel aus hellen Hölzern bestätigt wurde. Zudem richtete man die Werbung in Deutschland von Beginn an auf eine junge, preisbewusste Klientel aus. So lautete der erste Werbespruch der Münchner Filiale, der auch in den später eröffneten Filialen Verwendung fand: »Wer jung ist, hat mehr Geschmack als Geld.« Das Unternehmen zielte damit vor allem auf Studenten und Berufsanfänger ab – Kunden, bei denen sowohl der Wohnraum als auch das Vermögen knapp waren. Wie Rita Mårtenson schreibt, hatte Ikea die Zielgruppe vor dem Markteintritt noch breiter definiert. Die entsprechenden Menschen sollten zwischen 18 und 40 Jahren alt sein, über ein Haushaltseinkommen von 1100 bis 3000 Mark verfügen, außerdem verheiratet sein und einen höheren Bildungsabschluss besitzen. Die Unternehmensstrategie nahm folglich Kunden ins Visier, die trotz ihrer noch begrenzten finanziellen Mittel Wert auf moderne Möbel legten.

Der deutsche Markt öffnete sich nur langsam für das Sortiment des Unternehmens. Er wurde traditionell von schwerem Mobiliar aus dunklen Hölzern dominiert, umgangssprachlich als »Gelsenkirchener Barock« bekannt. Kamprad äußerte sich 1975 hierzu: »Der Möbelhandel in diesen Ländern [im Ausland] konkurriert sehr stark, und es wird deutlich, dass unsere spezielle Art des Verkaufens die Möbelbranche umkrempelt, vor allem in Deutschland, wo sie noch höchst konservativ ist. Man möchte uns gerne nachahmen, deshalb wandelt sich der

Trend nun in Richtung eines leichteren Stils.« In Deutschland muss der Konkurrenzdruck so hoch gewesen sein, dass eine schnelle und möglichst vollständige Erschließung die probateste Strategie zu sein schien. Nach der Filiale bei München eröffnete man in den folgenden acht Jahren zwölf weitere Häuser, nämlich Köln/Godorf (1975), Bremen/Brinkum (1976), Hannover/Großburgwedel (1976), Wiesbaden/Wallau (1977), Dortmund/Kamen (1978), Düsseldorf/Kaarst (1979), Berlin/Spandau (1979), Kassel (1980), Walldorf (1981), Nürnberg/Fürth (1981), Freiburg (1981) sowie Saarlouis (1981). Um schon für die noch im Bau befindlichen Möbelhäuser zu werben, mietete das Unternehmen an mehreren Orten Geschäfte in den Innenstädten und bot dort eine kleine Auswahl der Waren an, die später an den Stadtgrenzen zur Verfügung stehen sollten. Dieses Konzept wurde von der sogenannten »Aufbau-Avdelning« (Aufbau-Abteilung) auch in weiter entfernten Städten realisiert – wobei man mit der deutschen Geographie nicht immer vertraut war, was zum Teil zu bizarren Resultaten führte: Ein Innenstadtgeschäft eröffnete in Konstanz, vom Unternehmen war aber eigentlich Koblenz beabsichtigt gewesen. Häufig hatten Mitarbeiter der Abteilung Grundstücke schon erworben, bevor die Abstimmung darüber in der Konzernzentrale überhaupt stattgefunden hatte.

Die enorme Geschwindigkeit, mit der Ikea den deutschen Markt in den siebziger Jahren erschloss, führte bereits am Ende des Jahrzehnts zu Lieferengpässen – bis 1989 sollte deswegen keine weitere Filiale in Deutschland entstehen, eben weil das Angebot mit der Nachfrage kaum noch Schritt halten konnte. Das Unternehmen finanzierte die Erschließung des deutschen Marktes zudem über Kredite, da die in Skandinavien erwirtschafteten Profite eine derart schnelle Expansion nicht zugelassen hätten – und brach mit seiner konservativen Investitionsstrategie. Die Firma, die in ihrer Geschichte so häufig mit fremdverschuldeten Lieferproblemen zu kämpfen hatte, stand nun vor einer fundamental neuen Erfahrung: Sie hatte sich schlichtweg übernommen.

Alles, was ist:
Ikea wird zu einem globalen Unternehmen

In den Achtzigern verlangsamte sich das Wachstum Ikeas, doch offenbar nur, damit das Unternehmen in der Konzentration neue Kraft schöpfen konnte. Im Jahr 1985 wurde mit der Erschließung des amerikanischen Möbelmarktes begonnen, des größten der Welt. Vorausgegangen war, knapp zehn Jahre früher, eine Expansion nach Kanada, was leichter gewesen sein dürfte, da die Kanadier, inklusive Sozialstaat und Wetter, sich ohnehin als die Skandinavier des nordamerikanischen Kontinents verstanden. Die Vereinigten Staaten erwiesen sich als ungleich schwieriger, und es galt sich anzupassen: breitere Betten, weichere Sofas, größere Tische, was nicht zuletzt deshalb gelang, weil in den USA eine Generation von gut ausgebildeten, weltoffenen, mobilen und eher liberal, wenn nicht gar sozialdemokratisch gesinnten Menschen herangewachsen war – und es sich mit Möbeln von Ikea leichter umzieht als mit dem schweren Mobiliar der Eltern oder Großeltern. Der Erfolg Ikeas rief in den Vereinigten Staaten indessen sofort einen Nachahmer auf den Plan. Das Unternehmen mit dem dänisch anmutenden Namen STØR eröffnete 1987 Filialen nach dem Vorbild Ikeas und verschickte Kataloge in beinahe identischer Aufmachung. Ikea klagte und bekam

Recht. 1992 schließlich übernahm Ikea die vier Filialen des Konkurrenten. Heute gibt es knapp vierzig Filialen in den Vereinigten Staaten, und Ikea erwirtschaftet rund ein Fünftel des Umsatzes in Nordamerika.

Schon im Jahr 1974 hatte Ikea eine Filiale in Japan eröffnet. Dieser zunächst überraschende Schritt ergab in der Logik des Unternehmens einen besonderen Sinn: Die japanische Formgebung und Ästhetik scheinen der skandinavischen verwandt. Tatsächlich verdanken sich viele Einrichtungselemente, die als spezifisch nordischer Stil wahrgenommen werden, zumindest einer Begegnung mit japanischem Handwerk und japanischer Kunst, wie sie um das Jahr 1900 auch in Skandinavien sowie in Finnland große Mode waren. Für die meisten westlichen Länder endete diese Periode mit dem Ersten Weltkrieg. In den nordischen Ländern aber verknüpfte sich der Japonismus mit regionalen Stilen, ohne dass man sich an diese Inspiration in späteren Jahren noch erinnert hätte. Doch trog die Erwartung. Das Interesse an Einrichtung überhaupt, und gar an ihrer repräsentativen Gestalt, erwies sich als gering. Denn das »Heim« besitzt in Japan nicht die Bedeutung, die es vor allem in den mittel- und nordeuropäischen Ländern sowie in Nordamerika innehat. Überhaupt habe man, so hieß es in mehreren Kommentaren, als das Scheitern der Expansion nach Japan offensichtlich wurde, die Eigenheiten des dortigen Marktes unterschätzt und sich zu sehr auf die Attraktivität des ursprünglich schwedischen Modells verlassen. Im Jahr 1986 wurden die japanischen Filialen geschlossen.

Zwanzig Jahre später kehrte Ikea nach Japan zurück. Und während die Restaurants samt Fleischbällchen (die auch wichtig sind, um das Warenhaus, im Unterschied zum Online-Handel, lebendig zu erhalten) und die Kinderbetreuung blieben, nahm man diesmal weit mehr Rücksicht auf japanische Traditionen und Gewohnheiten: Das Warenangebot ist seitdem auf die Bedingungen kleiner Wohnungen zugeschnitten, was Auswirkungen insbesondere auf die Größe der Betten und der Sofas hat. Die Tüten tragen japanische Muster, und es gibt ein »Ninja Hot Dog«, dessen schwarze Farbe an die Bambus-Kohle erinnert, der in Japan eine homöopathische Wirkung zugeschrieben wird. Als in Funabashi in der Präfektur Chiba das erste neue japanische Warenhaus eröffnete, wurde es von einem einheimischen Konkurrenten mit den »Schwarzen Schiffen« verglichen, auf denen westliche Händler im 16. Jahrhundert nach Japan vorgedrungen waren. Tatsächlich muss der Effekt vergleichbar gewesen sein, weil Ikea das erste große und sichtbar westliche Unternehmen war, das von der weitgehenden Aufhebung der Hindernisse für ausländische Investitionen profitierte. Bis zum Jahr 2020 soll es in Japan vierzehn Filialen geben. Im Gegenzug findet sich jetzt in vielen westlichen Ländern das im Jahr 1980 in Tokio gegründete Warenhaus Muji, das seinen japanischen Minimalismus – Schreibwaren, Küchengeräte, Kleidung, aber auch Möbel – mittlerweile in 26 Ländern (darunter Schweden und Deutschland) und in mehr als 800 Filialen vertreibt.

Im Jahr 2009 beschlossen die maßgeblichen Manager Ikeas, den asiatischen Markt auch außerhalb Japans zu erschließen. Zwar existierten bereits Filialen in Singapur, Taiwan, Malaysia und China, doch trugen diese kaum zum Unternehmensgewinn bei. Heute gibt es allein in China 26 Filialen. Im August 2018 eröffnete in Hyderabad die erste indische Filiale. Und weil bis zum Jahr 2025 noch 24 weitere Warenhäuser in Indien folgen sollen, gibt es für das riesige Land und dessen wachsende Mittelschicht wiederum ein verändertes Warenangebot:

IKEA weltweit

Ersteröffnungen ab 1958

❶ 1958: Älmhult, Schweden

❷ 1963: Slependen, Norwegen

❸ 1969: Ballerup, Dänemark

❹ 1973: Spreitenbach, Schweiz

❺ 1977: Vösendorf, Österreich

❻ 1977: Eching, Deutschland

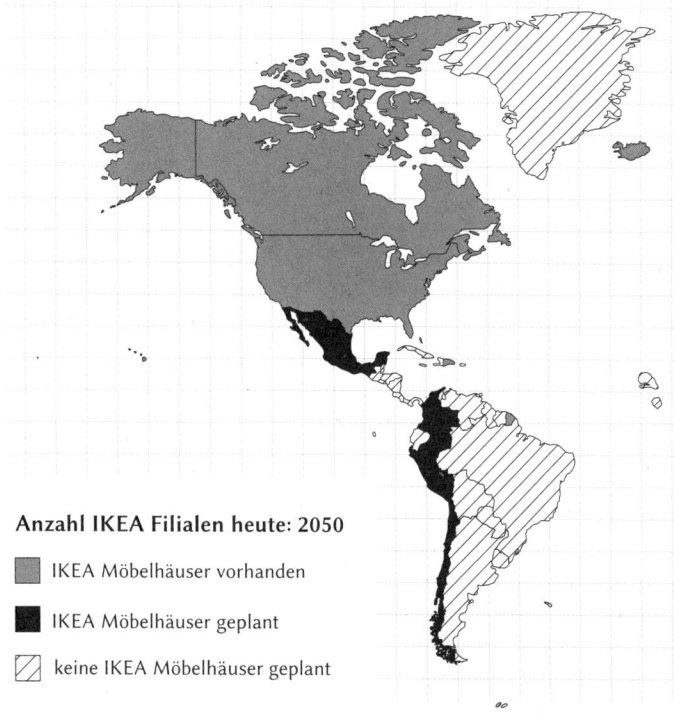

Anzahl IKEA Filialen heute: 2050

▨ IKEA Möbelhäuser vorhanden

■ IKEA Möbelhäuser geplant

▨ keine IKEA Möbelhäuser geplant

7 1978 Sliedrecht, Niederland

8 1981: Bobingny, Frankreich

9 1984: Zaventem / Ternat, Belgien

Niedrigere Kommoden für kleinere Menschen, Hunderte von kleinen, billigen Dingen, die umgerechnet kaum mehr als einen Euro kosten, Löffel statt Messer, mehr Klappstühle für die zahlreiche Verwandtschaft, die zum Essen kommt, sowie ganze Schreinertrupps, von denen die Möbel für einen Aufschlag von etwa zehn Euro zu Hause zusammengesetzt werden können.

Auf dem Globus bleiben nur wenige große Gebiete übrig, die sich Ikea bislang nicht erschlossen hätte: Afrika, die Staaten im Süden der ehemaligen Sowjetunion, Südamerika. Im Mai 2018 kündigte allerdings ein Franchisepartner die Eröffnung von Filialen in Chile, Peru und Kolumbien an.

Zwei Bewegungen bilden die Voraussetzungen für den internationalen Erfolg Ikeas. Zum einen das Heranwachsen von nicht nur einer Generation, sondern mittlerweile (seit den siebziger Jahren) von fast zwei Generationen, die unter den Bedingungen und mit den Medien eines globalen Warenverkehrs groß wurden, zu dem auch die Ware Arbeit gehört. Zum anderen die, nach anfänglichen Irrtümern, überall manifest gewordene Bereitschaft des Unternehmens, sich auf regionale Eigenheiten in der Gestaltung von und im Umgang mit Möbeln einzulassen, worauf dann regionale Variationen eines im Grunde genommen schwedischen Weltstils entstehen. Es kommen einige Faktoren hinzu, die Ikea entscheidend vorantrieb, und zwar vor allem die Verwandlung von Möbeln in Konsumartikel. Es lässt sich darüber spekulieren, wie viele Schreiner oder Tischler auf der ganzen Welt ihren Beruf aufgeben mussten, weil es Ikea gibt. Ihre Zahl wird gewiss in die Millionen gehen. Sie verloren ihre Arbeit, weil sie es mit einer im globalen Maßstab operierenden Produktion von Möbeln nicht aufnehmen können – nicht im Preis und letztlich auch nicht in der Machart der Möbel in Verhältnissen, in denen eine Einrichtung auf keinen Fall mehr vererbt wird und wahrscheinlich nicht einmal den nächsten Umzug übersteht. Dass andererseits nicht nur die Daunendecke, deren Verbreitung noch vor dreißig Jahren im Trentino endete, in Palermo ankam, sondern auch das nordeuropäische Standardbett mit den Maßen von 80 mal 200 Zentimetern Mumbai erreichte, gehört zu einer neuen Welt, deren Ausstattung von drei oder vier Dutzend Markenherstellern geliefert wird, die viel mehr als Gebrauchsgegenstände verkaufen: Sie handeln zugleich mit sozialen und kulturellen Gewissheiten.

Ikea verkauft eine Lebensform, und das Unternehmen will dabei nicht einmal als Verkaufender erscheinen. Wann immer Ikea werbend auftritt, übersteigt die Werbung den Verkaufszweck. Stattdessen sorgt das Unternehmen dafür, dass gesellschaftliche Ereignisse, gerade solche der sichtbarsten Art, über die Marke wahrgenommen werden. Das Erstaunliche, ja fast Unwahrscheinliche an Ikea besteht darin, dass diese Firma eine solche Strategie nahezu seit ihren Anfängen konsequent verfolgte – Jahrzehnte, bevor Adidas, Benetton oder Apple etwas Ähnliches taten. Ikea tritt demzufolge nicht nur als kulturell sinnstiftende Instanz auf, sondern als eine Art Agentur, die sämtliche Tätigkeiten, sämtliche Dinge eines gewöhnlichen Lebens umfasst und sinnvoll ordnet, einschließlich der sozialen Beziehungen. Entsprechend sind die Warenhäuser eingerichtet, als Orte, an denen Werben und Verkaufen, Gemeinschaft, Ware und ästhetischer Ausdruck ineinander verwoben sind – weshalb diese Häuser, möglicherweise zu innerstädtischen Showrooms verkleinert, in Zeiten des expandierenden Internet-Handels an Wichtigkeit nicht verlieren. Im Gegenteil: Wenn die Marke notwendige Bedingung sozialer

Präsenz sein soll, muss alles, was da ist, zur Marke gehören, und Marke muss alles sein, was ist. Auf dem Weg dorthin hat es Ikea vermutlich weiter geschafft als jedes andere Unternehmen.

Die Sache mit dem Elch:
Warum das Unmögliche verschwand

Der Ikea-Katalog ist heute, nach der Bibel, das meistverbreitete Druckerzeugnis der Welt – sagt wenigstens das Unternehmen selbst, und es gibt wenig Grund, an der Behauptung zu zweifeln. Die Slogans des Unternehmens sind in das Repertoire der sprachlichen Gemeinplätze eingegangen. Als »das unmögliche Möbelhaus aus Schweden« eroberte es den deutschen Markt. In den neunziger Jahren sollte der Kunde dann die Möglichkeiten des Ikea-Einrichtungskonzepts entdecken, Anfang des neuen Jahrtausends schließlich fragte das Unternehmen: »Wohnst Du noch, oder lebst Du schon?« Auch der in den nordischen Ländern feierlich begangene St.-Knuts-Tag, der zwanzigste Tag nach Weihnachten (»tjugondedag jul«), an dem traditionell der Christbaumschmuck entfernt und die Bäume selbst entsorgt werden, hat durch Ikea eine weite Bekanntheit erlangt. Der Passant, der an »Knut« durch eine Gasse läuft und dabei den aus den Wohnungen auf die Straße geworfenen Weihnachtsbäumen ausweichen muss, ist vielen Fernsehzuschauern bekannt. Dass Ikea außerhalb Skandinaviens als »typisch schwedisch« wahrgenommen werden soll, findet in der TV-Werbung seinen Ausdruck nicht nur darin, dass der Sprecher zum Beispiel Deutsch mit schwedischem Akzent spricht, sondern auch darin, dass etwa Werbespots mit der Melodie aus den Pippi-Langstrumpf-Filmen unterlegt werden.

Verloren gegangen ist allerdings der Elch, der Ikea zu Beginn der Expansion nach Deutschland als Wappentier begleitete. Dort, und keineswegs in Schweden oder in den anderen nordischen Ländern, wurde er zum Maskottchen des Möbelhauses. Denn mit dem Elch hat es eine eigene Bewandtnis: Menschen, die ihn aus mittlerem Abstand betrachten (der Elch war einst auch zumindest in den norddeutschen Wäldern heimisch), erscheint er als »unmögliches« Tier. Charles Darwin hatte vom »survival of the fittest« gesprochen, vom Überleben des Tieres, das sich am besten an seine Umwelt angepasst habe. Der Elch scheint diesem Gesetz zu widersprechen: Er ist im dichten, dunklen Wald zu Hause, und man kann sich nur schwer vorstellen, wie das männliche Tier mit seinem ausladenden Geweih problemlos zwischen den vielen Bäumen hindurchkommt. Der größte aller Hirsche hat einen kurzen und groben Körper, lange Vorderbeine, einen dicken Hals und einen langen Kopf mit einem überhängenden, sehr beweglichen Maul. Er wirkt in jeder Beziehung schlicht unproportional. Bis zu drei Metern hoch und eine halbe Tonne schwer, erscheint er als zu ausladend, als viel zu mächtig für die Gegend, in der er lebt – denn das sind zu großen Teilen sumpfige Gebiete. Muss er nicht im Morast versinken? Vermutlich war es diese Unangepasstheit, die den Elch zunächst wappentiertauglich erscheinen ließ, und auch das sonderbar Unbeholfene, das ihm zu eigen ist, wenn er über die Lichtungen trabt, wobei es oft so aussieht, als bewegte er seine kürzeren Hinterbeine schneller als die Vorderläufe: Er scheint etwas naturhaft Komisches zu besitzen.

Die Gründe für das Verschwinden des Elchs bei Ikea lassen sich nur erraten. Skandinavier oder Russen finden ihn nicht komisch, ebenso wenig wie vermutlich die Bewohner Nordamerikas, die eine eigene Variante dieses Tieres kennen. Sizilianer, Japaner oder Australier wiederum dürften gar nichts mit ihm anzufangen wissen. Doch wahrscheinlich war es noch etwas anderes, was am Elch störte: die enge Bindung an den Fichtenwald, vor allem aber das »Unmögliche«. Unmöglich zu sein, wäre nach Lage der Dinge das Letzte, was Ikea heute im Sinn haben könnte.

Lektüretipps

Zugrunde liegt diesem Buch eine Magisterarbeit in Geschichtswissen-
schaft, die Frederic Steinfeld im Jahr 2014 an der Johann Wolfgang
Goethe-Universität in Frankfurt am Main vorlegte. Die Arbeit trägt
den Titel *Die Globalisierung der Provinz. Ikea 1943 bis 1974* und erhielt
den Examenspreis des Stiftungsfonds Kopper für die beste Abschluss-
arbeit des Studienjahres 2013/2014 an der Fakultät für Philosophie und
Geschichtswissenschaften.

Bengtsson, Staffan: IKEA the book. Stockholm 2010.

Dahlvig, Anders: The IKEA Edge. Building Global Growth and Social Good at the World's Most Iconic Home Store. New York u. a.
2011.

Etzemüller, Thomas: Die Romantik der Rationalität. Alva & Gunnar
Myrdal. Social Engineering in Schweden. Bielefeld 2010.

Jungbluth, Rüdiger: Die 11 Geheimnisse des IKEA-Erfolgs. Frankfurt
a. M. 2008.

Kent, Neil: A Concise History of Sweden. Cambridge 2008.

Küster-Schneider, Christiane: Schaufenster Zukunft. Die Stockholmausstellung 1930 als literarisches und gesellschaftliches Ereignis.
Freiburg i. Br. 2002.

Lindgren, Håkan: Business and Government in Twentieth-Century
Sweden. In: Terry Gourvish: Business and Politics in Europe. 1900–
1970. Cambridge 2003. S. 17–41.

Mårtenson, Rita: Innovations in multinational Retailing. IKEA in the Swedish, Swiss, German and Austrian furniture markets. University of Gothenburg 1981.

Stenebo, Johan: Die Wahrheit über IKEA: Ein Manager packt aus. Frankfurt a. M. 2010.

Torekull, Bertil / Kamprad, Ingvar: Das Geheimnis von IKEA. Leck 1998.

Für mehr Informationen zur 100-Seiten-Reihe:
www.reclam.de/100Seiten